Gustave Nadaud
et la
Chanson Française

DU MÊME AUTEUR

Souvenirs de Colombie. Colon, 1885, *épuisé.*
En Océanie et aux Antilles. Combet, éditeur, Paris.
Au galop à travers l'Italie. L'éclaireur, à Nice.
Chansons Normandes. Hachette et Cie, Paris.
Les Fêtes Normandes. Bonnaventure, éditeur, à Caen.
Les Chants Rustiques. Joanin, éditeur, Rouart, successeur, Paris.
Le Retour au Pays. Préface de F. Mistral. Pièce en 1 acte. Joanin, éditeur, Paris.
Les Cloches d'Elseneur. Poème lyrique. Joanin, éditeur, Paris.
Etude sur Béranger. Préface de J. Claretie, de l'Académie Française. L'Edition, Paris.
Chansons tendres. Cotallat et Cie, éditeurs, Paris.
Pour celles que nous aimons. Préface de Bertrand Millanvoye. Les Concerts à l'école, éditeur, Vaux (Eure).

Pour paraître :

Notice historique, scientifique et économique sur l'arrondissement de Pont-Audemer (Eure).
Liste chronologique des Trouvères normands. XI, XII, XIII, XIV, XVe.

Chansons inédites de Gauthier d'Argies, Trouvère du XIIIe siècle.

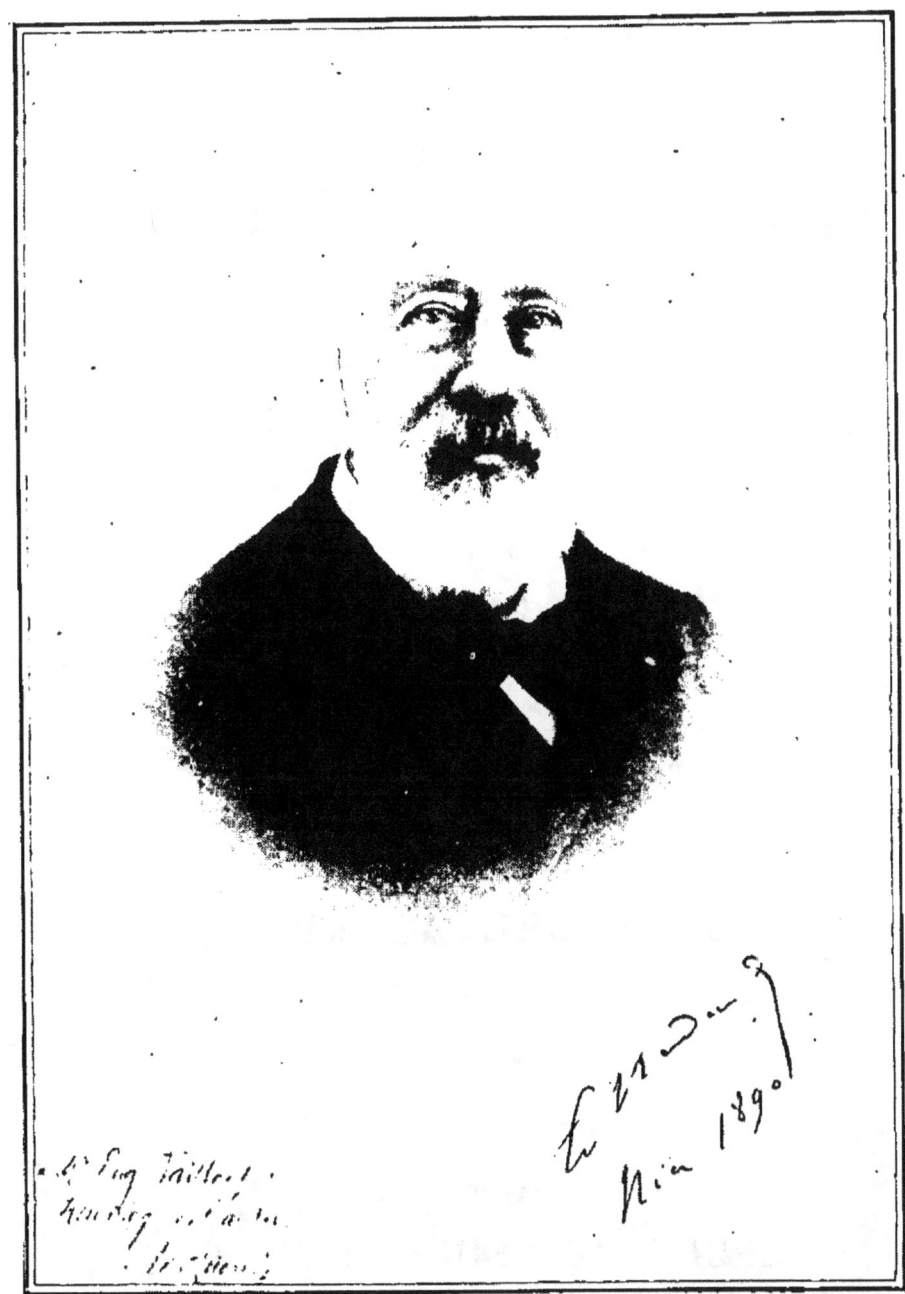

EUGÈNE VAILLANT

Gustave Nadaud

et la

Chanson Française

PRÉCÉDÉ D'UNE

ANALYSE DE LA CHANSON FRANÇAISE
A TRAVERS LES AGES

AVEC

NOTICES SUR DÉSAUGIERS ET PIERRE DUPONT

Préface de
THEODORE BOTREL

PARIS
ALBERT MESSEIN, EDITEUR
Successeur de LÉON VANIER
19, QUAI SAINT-MICHEL, 19

1911

A LA MÉMOIRE

D'ERNEST CHEBROUX

A l'exécuteur testamentaire et ami de **Gustave Nadaud**, hommage respectueux et filial à celui qui pendant *cinquante années* a combattu pour la bonne et saine chanson.

Paris 24 juin 1910

Mon cher filleul,

J'ai de vos nouvelles et je constate avec plaisir qu'elles sont bonnes.

Je voudrais bien en avoir également de votre futur livre ; votre étude sur Gustave Nadaud. Que devient ce livre et qu'attendez-vous pour le faire paraître ? Il se dessine en ce moment un mouvement en faveur de la bonne et saine chanson dont Gustave Nadaud était la plus haute expression ; le célèbre chansonnier est plus lu et chanté que jamais.

Ses œuvres ont tel avantage très appréciable sur celles de ses devanciers, Désaugiers et Béranger (je ne parle pas de Dupanck qui était bien plutôt un poète qu'un chansonnier) c'est que par leur charme, leur esprit, leur douce philosophie, elles restent éternellement jeunes. J'ai la conviction

que votre ouvrage dont j'ai lu le
manuscrit, sera très lu et très apprécié;
non seulement dans tout le nord,
à Roubaix patrie du poète, mais à
Paris, à Lyon, à St Etienne, à Rouen
où il existe des sociétés chansonnières.

Par ailleurs, vous avez des confrères
émérites qui dans tous les coins de notre
belle France, se faisant propagateurs
de la bonne et saine chanson, et goûtant
particulièrement celle de Nadaud, seraient
heureux de puiser dans les précieux documents
que contient votre livre.

L'excellent artiste de l'opéra, Paul Seguy,
entreprend en ce moment une vaste tournée
pour faire connaître ~~les Chansons~~ pour
les Chansons de mon regretté et cher
ami Nadaud. Toutes ses causeries
seront autant d'auditions d'œuvres
de l'auteur de "la Garonne".

Votre livre est donc assuré à l'avance
d'un véritable succès. Je m'efforcerai,
quant à moi, de le répandre dans toutes
les sociétés dont je fais partie... mais
encore une fois il faut se hâter et
comme on dit "battre le fer quand il est chaud"...

Il doit faire bon en ce moment
dans votre nid de verdure, au Clos de la Chanson !
à vous et à votre chère compagne

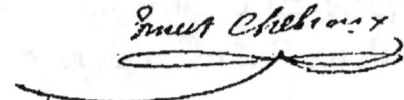
Ernest Chebroux

PRÉFACE

Après avoir conté, l'an dernier, avec une érudition certaine alliée à une charmante simplicité, la vie du « Bonhomme Béranger », voici qu'aujourd'hui Eugène VAILLANT, le charmant troubadour normand, nous conte celle de Gustave NADAUD.

Et, comme cette publication est faite au lendemain de la mort d'Ernest CHEBROUX, le doux poète qui fut l'ami et l'exécuteur testamentaire de l'auteur des *Deux Gendarmes*, Eugène Vaillant en profite pour associer, dans un suprême hommage, le Maître et le Disciple... et cela rend plus émouvante encore pour nous, Chansonniers, la lecture de ce beau et bon livre.

Nadaud, le fin et spirituel Nadaud, était Flamand d'origine. Et n'est-il pas curieux d'observer que les deux Chansonniers qui personnifiè-

rent le mieux ce qu'il est convenu d'appeler
« l'esprit bien parisien », naquirent aux deux
confins extrêmes de la France : Désaugiers à
Fréjus, Gustave Nadaud à Roubaix ! Tant il est
vrai que l'esprit et la gaîté sont bien et restent
bien — quoi qu'en disent et pensent les centra-
lisateurs à outrance — les qualités légendaires
et indéniables de la race gauloise tout entière.

Mais on ne peut nier cependant l'influence
des « Petites patries » sur le génie particulier
de leurs enfants : Désaugiers conservera, toute
sa vie durant, la gaieté débordante, éclatante,
ensoleillée de sa côte d'azur, tandis que Nadaud,
entre deux joyeux refrains, nous soupirera tout
à coup une romance douloureuse et douce
comme le soleil embaumé de sa mélancolique
Flandre.

Quel talent complexe et complet fut, en effet,
Nadaud ! Lisez à haute voix ses chansons (car
elles se lisent ; et dire d'une chanson « qu'elle
se lit » n'est pas en faire un mince éloge !) ; lisez
à des auditeurs non prévenus ces joyeuses fan-
taisies : *Bonhomme, Les Deux Notaires, Carcassonne, Thomas et moi, Boisentier, Les Boutons,
Les Deux Gendarmes, La Lettre à l'Etudiant, Le
Roi boiteux, L'honnête Voleur*, et ces petits
drames en quelques couplets : *Les Trois Hussards,*

La grande Blessée, Chevrette, Le Nid abandonné, L'Anniversaire de l'Ouvrier, Le vin de Marsala, et ce chef-d'œuvre méconnu : *Le Cœur volant* (pour ne citer que ces quelques chansons au hasard parmi deux cents autres), — et vous verrez ensuite vos amis stupéfaits d'apprendre que c'est le même homme qui, une soirée entière, les fit pleurer tour à tour de tristesse et de joie.

J'ai fait cette expérience : essayez !

Et voilà pourquoi je répète ici ce que j'ai déjà dit à notre confrère Varloy au cours d'une récente enquête (1), à savoir que, selon moi, Nadaud est et restera le type représentatif le plus parfait du chansonnier français, plus parfait encore que Béranger peut-être, parce que ce dernier personnifia surtout l'esprit politique et philanthropique d'une époque. Aussi, quoi qu'on en dise, l'œuvre de Béranger vieillit et date, tandis que celle de Gustave Nadaud reste jeune, fraîche, souriante et vibrante comme l'immortelle petite Muse qui l'inspira : la Chanson !

Et nous devons remercier grandement ceux qui se font — comme l'auteur de ce livre — les biographes et les défenseurs de ceux-là qu'avec

---

(1) *Gustave Nadaud*, 1. vol. in-18, par H. Varloy.

un peu de dédain souvent, on appelle les « bons chansonniers ». Je dis défenseurs, car de même que, jadis, il démolit à tout jamais la stupide légende d'un Béranger pensionné par la cour impériale, de même aujourd'hui, Eugène Vaillant démolit, preuves en mains, celle qui nous représentait le noble et délicat Nadaud dédaignant, un soir, l'invitation de Lamartine vieilli et disgracié pour accepter celle d'une princesse toute puissante ; de même que demain il détruira, sans doute, celle d'un Pierre Dupont s'inclinant, par courtisanerie intéressée, devant Napoléon III triomphant.

Que voulez-vous ? Le public ne pourra jamais se résigner à applaudir un artiste, sans parti pris, en ne lui demandant que d'être l'exaltateur de la beauté et le consolateur de nos soucis : il lui faut le cataloguer, l'enchaîner, l'emmurer tout vif dans telle ou telle coterie politique. Lamartine, à qui l'on demandait un jour : « Où siègerez-vous à la Chambre ? à droite ? à gauche ? au centre ? » répondit : « Au plafond ! »

Oh ! qu'il avait bien raison !

Où chantes-tu, alouette gauloise, avec plus d'allégresse que là-haut, dans les nuages, au plafond bleu du ciel de France ?

Planons donc, Amis Chansonniers, joyeuses,

libres, indépendantes alouettes que nous sommes, planons au-dessus de toutes les querelles, de toutes les haines, et ne redescendons vers les plaines que pour chanter aux hommes l'indulgente patience, le courage au labeur entre la tendre justice et la douce fraternité ; que pour chanter au peuple l'infinie grandeur de Dieu dans l'infinie splendeur de sa création... et lui parler aussi de l'amour filial, aveugle, que nous devons à la Patrie.

Et, du fond des Champs-Elyséens, où il voisine avec Béranger, Désaugiers et Dupont, je suis certain que Gustave Nadaud nous criera, dans un joyeux sourire :

« Chansonniers, vous avez raison ! »

THÉODORE BOTREL.

Pont-Aven, 15 mars 1911.

AVANT-PROPOS

AVANT-PROPOS

La Chanson, on le sait, a joué dans toutes les grandes époques un rôle considérable, et nous n'entreprendrons pas ici son histoire, car il nous faudrait écrire celle de la France. « Les hommes chantent d'abord, ils écrivent ensuite », a dit Châteaubriand.

L'on chante certes dans tous les pays, mais nous pouvons affirmer, sans crainte d'être contredit, que l'on chante mieux en France que partout ailleurs, notre pays étant plus gai que les autres. Cette *dixième Muse* est donc de notre race, par l'esprit et le cœur de notre nation.

Nous venons, par ce livre, entretenir le lecteur de GUSTAVE NADAUD, véritable chansonnier de race, d'un esprit fin et délicat, lequel personnifie, dans l'histoire de la *Chanson Française*, le charme et la grâce de son époque.

Dans cette étude, nous montrerons les œuvres les plus remarquables, les plus délicates et toujours jeunes, de cet inoubliable auteur (quoiqu'il soit de bon ton de dire qu'elles sont démodées) ; nous ajouterons des anecdotes, des traits de bonté, d'esprit, et des lettres inédites, tout en demeurant dans le domaine de la chanson.

Mais, avant d'entrer en matière, nous avons pensé qu'il y aurait intérêt à parcourir, dans un examen rapide, la chanson à travers les âges, sorte d'introduction à l'exposé de son épanouissement.

Toutefois, qu'on se rassure, ce qui va suivre ne sera pas l'histoire entière de la chanson, mais un aperçu, résumé, de son évolution, pour présenter l'immortel auteur des *Deux Gendarmes*, des *Deux Hussards*, du *Nid Abandonné*, de *La Garonne*, de *L'Epingle sur la Manche* et de tant d'autres œuvres gracieuses et spirituelles, toujours recherchées des amis de la chanson et des lettres.

.•.

La Muse Nationale eut donc, après les première chansons latines rimées, les jongleurs (*joueurs*) et les trouvères (*trouveurs*) — « Qui mult bien chantoent. » — Nous voyons donc immédiatement TAILLEFER chanter les exploits de Roland, en combattant à la tête des troupes de Guillaume-le-Bâtard, duc de Normandie, à la bataille de Hastings en 1066, dans les champs de Senlac (Angleterre).

Ces premiers chants étaient des *Chansons de Gestes*. « Gestes » signifiait alors « actes notoires, histoire authentique ». Tel était au Moyen Age le sens du mot latin *Gesta*.

Aux jongleurs primitifs succèdent par degrés les *Trouvères* ou *Bardes*. En s'accompagnant d'une sorte de harpe, la « Chrotta » ou « rote », ils chantaient les héros de leur race ; et aux sons rauques de leur hymne de guerre, *le bardit*, répété par tous les guerriers, ils allaient à la bataille !

C'est donc à la France qu'appartient l'initiative de l'épopée ; cette *action* a commencé nos chants et le premier monument nous vient de TUROLD ! ou TUROLDUS, contemporain et compatriote de Guillaume-le-Conquérant. De tous les poèmes de Roncevaux, le plus ancien connu est celui dont le texte fut trouvé à Oxford ; il appartient au xie siècle C'est un récit épique, composé de groupes monorimes ou plutôt *assonancées*, écrit dans la même langue que les lois promulguées par Guillaume, après la conquête de l'Angleterre. « La chanson de Roland marque donc indiscutablement notre épopée nationale (1) ».

Poursuivant la description de nos bardes, voici l'image qu'en fait l'illustre poète LECONTE DE LISLE, dans le *Massacre de Mona* :

(1) V. *La Chanson de Roland*, par GAUTHIER.

« A leurs reins pend la rhote et luit le large glaive ;
« La touffe de cheveux qu'une écorce relève
« Flotte, signe héroïque au crâne large et rond... »

C'est donc à partir du xie siècle que deviennent plus nombreux les poèmes épiques, et que la poésie commencera à s'épanouir.

Les Chansons de Gestes répondaient aux deux grandes passions de la société : *l'amour de la patrie, l'orgueil de la famille.* Le héraut ou le trouvère qui en composait une était le dépositaire de la gloire du pays et l'honneur des individus (1).

Nous sommes déjà loin, on le voit, des jongleurs primitifs, qui n'étaient, pour la plupart, que de vils courtisans.

Les Chansons de Gestes peuvent donc se diviser en trois cycles, savoir :

1° Le Cycle Français ou Epopée Royale.
2° Le Cycle Breton ou Epopée Courtoise.
3° Le Cycle de l'Antiquité ou Epopée Antique.

« Charlemagne apparaît en de sanglants nuages,
« On croit voir flamboyer l'éclair de Durandal,
« De pieux Chevaliers poursuivre le Saint-Graal,
« Et de Rome Alexandre exiger des otages. »

L'on remarque que les Chansons de Gestes étaient plus ordinairement en vers de dix ou de douze

---

(1) *Histoire Littéraire de la France* (S. L'ABBÉ, *Histoire Miniature des Lettres Françaises.*)

syllabes. Plusieurs des premiers Trouvères et Troubadours étaient de race noble, savoir : THIBAULT, Comte de Champagne, qui fut Roi de Navarre, GUILLAUME IX Duc d'Aquitaine, RICHARD CŒUR-DE-LION, Roi d'Angleterre, le Comte d'Anjou, Roi de Sicile, (père de saint Louis), etc. ; et Villon nous dira : « Qu'il en était d'autres, de petites races et trouvères de profession ».

Les airs de ces chants ressemblaient au chant grégorien et à des chants ecclésiastiques.

Je cite une chanson de THIBAULT, Comte de Champagne, parce que ce Trouvère peut être considéré comme le *Père de la Chanson Française* ; l'on croit que ce Prince Chansonnier est le premier qui ait mélangé les rimes masculines aux rimes féminines.

Amoureux de la Mère de saint Louis, il composa la plus grande partie de ses chansons en l'honneur de sa dame de beauté, la Reine Blanche. La chanson suivante est du XIIIe siècle, mais fut rajeunie par Moncrif, écrivain français, au début du XVIIIe siècle :

LA REINE BLANCHE

(XIIIᵉ SIÈCLE)

Air : *Quand vous entendrez le doux Zéphyr.*

Las ! si j'avais pouvoir d'oublier
    Sa beauté, son bien dire,
  Et son très-doux regarder,
    Finirais mon martyre :
Mais las ! mon cœur je n'en puis ôter ;
      Et grand affolage
      M'est d'espérer ;
      Mais tel servage
      Donne courage
      A tout endurer.
  Et puis comment oublier
    Sa beauté, son bien dire
  Et son très-doux regarder ?
    Mieux aime mon martyre.

        THIBAULT, comte de Champagne,
      le père de la *Chanson française*,
        né en 1201, mort en 1250.

« Les Trouvères de profession chantaient leurs poèmes en s'acompagnant de la rhote, de la vielle ou de la cornemuse, ils contribuaient à l'éclat des fêtes, accompagnant les seigneurs dans leurs campagnes, charmant les manoirs en hiver, et recevaient de riches cadeaux. »

Les Vieilles chroniques nous racontent que le Roi Henri II donna deux châteaux à *Robert de Borsu* (Trouvère anglo-normand, voir *Essai sur les Bardes jongleurs*, etc., par l'*Abbé de la Rue*), pour son roman de Saint-Graal, avant même qu'il ne fût terminé ! Les temps, on le voit, étaient meilleurs qu'aujourd'hui, car, où donc trouver, de nos jours, le Mécène des lettres ?

Avant le XIIIe siècle les chansons sont peu variées. Dans sa remarquable *Histoire de la Chanson*, *du Mersan* nous dit que pour le fond : « C'était presque toujours des idylles sur le printemps, les fleurs, les oiseaux, l'hiver et ses glaces ; elles sont adressées à des Iris, vraies ou idéales, et à des *blondes*, jusqu'au temps de Charles IX et de Henri II, où les *brunes* prirent leur revanche. »

Et ceci nous montre que rien ne change dans les caprices et les originalités de la mode.

Les *casques dorés* furent chantés amoureusement il y a dix ans, et qui ne se souvient des succès de cette fille d'apache, « Casque d'Or », dont un peintre, sans doute éclectique et décadent, peignit les traits, pour exposer cette hétaïre de malandrins au Salon ! la réclame insane que l'on fait de nos jours à ce monde interlope, doit rendre parfois bien rêveuses les laborieuses et honnêtes jeunes filles !! Donc, il y a dix ans, les *blondes* étaient à la mode, et le chanteur Mercadier murmurait, ainsi que d'autres *étoiles* des Champs-Elysées et des Boulevards :

> « Ce sont les blondes qui m'ont charmé,
> Minces et rondes, j'en suis aimé !... » etc.

Mais tout lasse et tout passe... et depuis trois ans, les *brunes* redeviennent à la mode !...

A quand la *Chanson des Chapeaux*, des *Chichis*, et celle de la mode *Tanagrienne* ou *Orientales* des modernes Elégantes de 1911 ? Mais revenons à la chanson française de nos bardes.

Vers 1400, nous voyons un Normand, *Olivier Basselin* (ou Bachelin), composer de joyeuses chansons surnommées : *Vaux-de-Vire*.

L'étymologie du mot vient de ce que notre chansonnier-foulon demeurait près d'un moulin, dont il se servait pour fouler ses draps, situé près de la rivière de *Vire*, au pied du coteau, qu'on appelle « Les Vaux », entre le château et l'ancien couvent des Cordeliers, lequel servait à sécher les draps. C'est donc parce que *Olivier Basselin* chantait souvent ses chansons en ce coteau, qu'on leur donna le nom de : *Vaux-de-Vire*. Ces chansons étaient bachiques, et plus tard, par corruption, l'on donna à celles qui furent faites le nom de *Vaudeville* et *Vaux-de-Villes* (1).

---

(1) Ménage dans ses *Etymologies*, et les auteurs du

Nous trouvons cette note encyclopédique sur l'*Etymologie* :

Ce *Vau-de-Vire* ou *Vaudeville* fut d'abord une chanson maligne et gaie fille de la Satire. Suivant Boileau, qui dit, après avoir donné les règles de la Satire dans *L'Art Poétique* :

D'un trait de ce poëme, en bons mots si fertiles,
Le Français, né malin, forma le *Vaudeville*,
Agréable, indiscret, qui conduit par le chant,
Passe de bouche en bouche, et s'accroît en marchant.
La Liberté française en ces vers se déploie ;
Cet enfant de plaisir veut naître dans la joie !

« Vers le commencement du xviiie siècle des couplets furent admis dans les pièces du théâtre léger, et l'on s'habitua peu à peu à donner le nom de *Vaudevilles* à ces pièces mêmes. »

— *Olivier Basselin* est donc le père du *Vaudeville*. — Après cette époque, nous voyons le Duc d'Orléans et François Ier faire des chansons.

Puis c'est *Villon*, enfant de Paris, libertin, spirituel, fréquentant les « tabernes méritoires de la Pomme-de-Pin, du Castel, de la Magdèleine et de la Mulle », dont parle Rabelais. C'est là que *camponisait* Villon, quand, après avoir dérobé quelque

Dictionnaire Universel, se sont trompés en disant que Vaux-de-Vire était un lieu proche de Vire, il n'y a rien de ce nom-là, à Vire.

repue franche aux rôtisseurs de la rue aux Ours, il chantait la *Blanche Savatière* ou la *Gente Saucissière* du coin, ou bien sa joyeuse épitaphe :

Ne suis-je, Badaud de Paris,
De Paris, dis-je, auprès Pontoise ! (1)

Ce cabaret de la Pomme-de-Pin fut célèbre aux xvie et xviie siècles et devint le rendez-vous des gens de Lettres et de leurs bons amis de la Cour ; il était situé non loin de Notre-Dame, Rue de la Juiverie, en face l'église de la Madeleine démolie en 1789 (2).

François Corbueil, *dit Villon*, écrivit donc de remarquables ballades sur les événements de son temps ; or, la ballade appartient à la chanson.

En suivant l'histoire nous arrivons à *Clément Marot*, puis *Ronsard*, et sommes à l'époque des beaux esprits du xvie siècle ; l'on se passionne pour les traductions romaines et grecques. Clément Marot fut un créateur, dans le style archaïque, et Ronsard demeure un génie dans la poésie badine.

Le Roi Henri IV écrivit aussi des chansons, dont plusieurs sont conservées à la Bibliothèque Nationale, ci-contre une Romance du vert-galant Béarnais, Romance gracieuse dont on ne chante plus que le premier et le sixième couplet.

(1) *Histoire de Paris*, par Théo. LAVALLÉE, t. I.
(2) *Ruelles, salons et cabarets*, par G. GOLOMBEY.

ADIEUX A GABRIELLE

(1596)

Air d'un *Noël du père Ducaurroy*.

Charmante Gabrielle,
Percé de mille dards,
Quand la gloire m'appelle
A la suite de Mars,
Cruelle départie,
  Malheureux jour,
Que ne suis-je sans vie
  Ou sans amour !

Belle astre, je vous quitte :
O cruel souvenir !
Ma douleur s'en irrite ;
Vous revoir ou mourir.
Cruelle départie, etc.

Je veux que mes trompettes,
Mes fifres, les échos
Incessamment répètent
Ces doux et tristes mots :
Cruelle départie, etc.

L'Amour, sans nulle peine,
M'a, par vos doux regards,
Comme un grand capitaine,
Mis sous ses étendards.
Cruelle départie, etc.

Si votre nom célèbre
Sur mes drapeaux brillait,
Jusques aux bords de l'Ebre
L'Espagne me craindrait.
Cruelle départie, etc.

Partagez ma couronne,
Le prix de ma valeur ;
Je la tiens de Bellone,
Tenez-la de mon cœur.
Moment digne d'envie,
   Heureux retour,
C'est trop peu d'une vie
   Pour tant d'amour.

Je n'ay pu dans la guerre
Qu'un royaume gaigner ;
Mais sur toute la terre
Vos yeux doivent régner.
Moment digne d'envie,
   Heureux retour,
C'est trop peu d'une vie
   Pour tant d'amour.

Du temps de Henri IV aussi ;

> Si le roi m'avait donné
> Paris la grand' ville
> Et qu'il eût voulu m'ôter
> L'Amour de ma mie,
> J'aurais dit au roi Henri
> Gardez donc votre Paris,
> J'aime mieux ma mie, au gai ⎫
> J'aime mieux ma mie. ⎬ bis

Sous Louis XIV, la chanson est encore plus florissante que sous les règnes précédents et l'on évoque avec plaisir : *Bois-Robert, Voiture, Maître Adam de Nevers*, etc., à côté de ces beaux esprits de l'hôtel de Rambouillet, lequel, ouvert dès 1600, vit naître et fit éclore bien des réputations ; nous voyons figurer *Malherbe, Chapelain, Corneille, Rotrou, Scarron, Bensarade, Saint-Evremond, La Rochefoucauld* et toute une élite d'hommes d'épées ; nous y voyons aussi de *fins Bas-Bleu* rivaliser d'esprit ; au premier rang figurent Mme de Rambouillet, d'une intelligence supérieure, et sa fille, Mlle Julie d'Arzennes, puis Mlle de Bourbon-Condé, qui devint duchesse de Longueville, Mlle de Coligny, la marquise de Sablé, enfin Mlle de *Scudéry* (le plus fin bas-bleu de ce Cénacle) et Mlle Deshouilières, laquelle roucoulait aussi délicieusement en vers.

Dans ce royaume des lis, et devant toutes ces grâces poudrées, nos fins et délicats lettrés faisaient montre d'esprit; l'*Epigramme* venait *Souventes fois* venger un amoureux éconduit et, parmi ceux dont l'aiguillon était le plus piquant, nous pouvons citer *Voiture* !

Mais, il nous faut quitter ces élégances du noble Parnasse, qui exercèrent pendant trente ans une heureuse influence sur toute la littérature, et continuer notre évolution chansonnière ; en quittant cette tour d'ivoire, nous allons nous mêler au peuple, toujours intéressant, et duquel nous vint souvent de fiers exemples ! à côté des beaux esprits, c'est aussi l'époque de la chanson populaire et satirique, avec *Philippe-le-Savoyard*, avec *Gros-Guillaume* et *Turlupin*, donnant la réplique au Normand *Gauthier Garguille; Tabarin* attire, avec non moins de succès, les badauds et amateurs de farces ou de chansons burlesques.

Philippe-le-Savoyard, en homme pratique, faisait plusieurs métiers (1). « Il s'était établi sur le terre-plein du Pont-Neuf, près de la statue du Béarnais, et se mit à improviser des chansons satiriques. Par ses couplets licencieux, il faisait les délices des aventuriers et des coupeurs de bourse. Comme il était aveugle, cela augmentait l'intérêt

---

(1) Voir le *Chansonnier historique du XVIIIe siècle*, t. I.

de ses chants et de sa personne ; du reste, il ne craignait pas de proclamer son mérite et répétait bruyamment à la foule :

> « Je suis l'illustre savoyard,
> « Des chantres le grand capitaine,
> « Je ne mène pas mon soldat
> « Mais, c'est mon soldat qui me mène.
>
> « Accourez filles et garçons,
> « Ecoutez bien ma musique,
> « L'esprit le plus mélancolique
> « Se réjouit à mes chansons !
>
> « Je suis l'orphée du Pont-Neuf,
> « Voici les bestes que j'attire :
> « Vous y voyez l'âne et le beuf
> « Et la nymphe avec le satyre. »

En 1670, quand il quitta Paris, un cocher au service de M. de *Verthemont* prit sa place et exerça sa verve caustique, en se consacrant au genre satirique, ne respectant personne.

En lisant l'*Histoire de Paris*, nous voyons que le Pont-Neuf était la seule promenade populaire de l'époque « qui se trouvait encombré de marchands, d'arracheurs de dents, de chansonniers et surtout de tires-laines ou coupes-bourses ; c'était là que

Mondou vendait son merveilleux orviétan, *Tabarin* débitait les folies goguenardes, *Maître Gonin* faisait ses tours de gobelets, *Brioché*, montrait ses marionnettes et ses singes ».

Voici, d'autre part, en quels termes *Bertaud* en parle dans sa *Ville de Paris* :

> Pont-Neuf, ordinaire théâtre
> Des vendeurs d'onguent et d'emplâtre ;
> Séjour des arracheurs de dents,
> Des fripiers, libraires, pédant,
> Des chanteurs de chansons nouvelles,
> D'entremetteurs de demoiselles,
> De coupes-bourses, d'argotiers, etc...

Voilà Paris sous Louis XIII et sous Louis XIV. Ces chansonniers du Pont-Neuf, tel le cocher de Verthemont, etc., prouvent que l'on n'invente rien de nos jours ; et, nos très hauts chansonniers de la « butte », eurent, on le voit, d'illustres devanciers dans ces *improvisateurs* du Pont-Neuf ! A cette époque, tout le monde fait des chansons. Même la *Duchesse de Bourbon*, fille naturelle du Roi, qui laisse déborder en vers un esprit malicieux et mordant, qu'elle tenait de sa mère, Mme de Montespan :

> « C'est la duchesse de Bourbon
> « Qui met tout le monde en chanson ! »

Un autre bâtard de sang royal, le prieur de (1) Vendôme, tient sa place parmi les chansonniers de l'époque *aux dîners du Temple*; car bien avant le *Caveau*, il y avait des dîners périodiques, « il y eut les *dîners de la jeunesse* de Boileau, de Racine, où faisaient assaut La Fontaine et Molière ; il y avait aussi la Société des *Enfants Sans-Souci*, organisée pour le Vaudeville et les chansons » (2).

« Dans l'*Histoire de Paris*, par *Lavallée*, nous voyons qu'une Société des *Enfants Sans-Souci* fut fondée par les *Bourgeois de Paris* en 1402, et établie en contrérie pour représenter aux Halles, et à la place de Grève, des pièces satiriques, qu'on appelait Sotties, ou pièces joyeuses. »

Sous Louis XV c'est encore la chanson de Société avec les chansonniers *Piron, Collé, Verdier, Vadé* et l'*Abbé Latteignant*, mais c'est surtout la chanson badine et libertine, à l'usage des petites maisons, où se donnaient de fins soupers !... « Bon souper, bon gîte... et le reste » !

Louis XV, qui prisait fort le genre badin, fit lui-même, dit-on, quelques chansons avec art et malice.

Sous ce règne du « Bien aimé », où la corruption

---

(1) Le grand Prieur de Vendôme et son frère le duc, étaient les derniers rejetons des amours de Henri IV et de Gabrielle d'Estrée.

(2) Voir *Les Œuvres de Laujon*, t. IV.

s'étalait honteusement, jusqu'au trône, et dont la déplorable administration contribua à rendre nécessaire la Révolution de 1789, l'on pense bien que la chanson ne se gêna guerre vis-à-vis de la Cour, tous les personnages en furent critiqués et vertement chansonnés, sans ménagement surtout, pour Antoinette Poisson, *Marquise de Pompadour*, cette néfaste favorite du Roi à laquelle l'on dut la guerre ruineuse de *Sept ans*.

Sous Louis XVI, le comte d'Artois chansonne, sans vergogne, toute la famille royale (1). « C'est l'époque des Marquis poudrés et musqués, des galants abbés et damerets, des robbins suffisants ; l'on flagelle sans pitié, et justement, les ridicules et les vices, en s'abritant, toutefois, sous le couvert de l'anonymat, par crainte de la Bastille et des haines mortelles :

> « Celui qui a fait la chanson
> « N'oserait pas dire son nom
> « Car il aurait les étrivières ! »

C'est ainsi que l'on signe, et l'on faisait bien ! « car le joyeux Saint-Amand fut « bastonné » par le Prince de Condé, et Rousseau reçut, de La Faye lui-même, une volée de Bois-Vert ».

Nous arrivons au règne de Louis XVI, qui fut salué par des cris d'enthousiasme.

(1) *Le chansonnier historique au* XVIIIe *siècle.*

Hélas, après avoir entendu des chants d'espérance il entendra ensuite des chants satiriques, et peu après, la terrible chanson de la « Carmagnole », cependant que Marie-Antoinette, qui aimait à jouer au clavecin l'air de « Ça ira », sera conduite à l'échafaud par une foule en fureur qui chantera autour de la charrette et de la guillotine la chanson du « Ça ira », dont le refrain fut improvisé, par *Landie*, chanteur public, au champ de Mars, pour la Fête de la Fédération.

C'était une contredanse à la mode que ce :

« Ah ! ça ira, ça ira, ça ira
« Le peuple en ce jour sans cesse répète ;
« Ah ! ça ira, ça ira, ça ira,
« Malgré les mutins tout réussira.

Cette chanson était sans violence, mais il n'en était pas de même avec la « Carmagnole », laquelle fut composée, nous dit *du Mersan* (1), en août 1792, époque à laquelle Louis XVI fut emprisonné au Temple. « Elle eut une vogue populaire, et devint le *signal* de l'accompagnement des joies féroces et des exécutions sanglantes. On dansait la *Carmagnole* dans les bals, on la chantait au théâtre et autour de la guillotine ! »

L'on ne peut se défendre d'un frisson d'épou-

---

(1) *Recueil des chansons nationales et populaires,* par Dumersan.

vante, en relisant cette chanson d'une poésie brutale qui enivra tout le peuple à cette époque, d'une folie sanguinaire, et où, au dire des jacobins, « la tête de Louis XVI était le gant jeté à la vieille Europe ».

Cette chanson appartient à l'histoire (histoire terrible et rouge,) nous la donnons ci-dessous in-extenso :

LA CARMAGNOLE

Madam'Veto avait promis	bis.
De faire égorger tout Paris ;	bis.
Mais son coup a manqué,	
Grâce à nos canonnié.	
Dansons la carmagnole,	
Vive le son ! vive le son !	
Dansons la carmagnole,	
Vive le son du canon !	

Monsieur Veto avait promis	bis.
D'être fidèle à sa patrie ;	bis.
Mais il y a manqué,	
Ne faisons plus cartié.	
Dansons la carmagnole, etc.	

Antoinette avait résolu   *bis.*
De nous faire tomber sur cu :   *bis.*
   Mais son coup a manqué
   Elle a le nez cassé.
   Dansons la carmagnole, etc.

Son mari, se croyant vainqueur,   *bis.*
Connaissait peu notre valeur,   *bis.*
   Va, Louis, gros paour,
   Du Temple dans la tour.
   Dansons la carmagnole, etc.

Les Suisses avaient tous promis   *bis.*
Qu'ils feraient feu sur nos amis :   *bis.*
   Mais comme ils ont sauté,
   Comme ils ont tous dansé !
   Chantons notre victoire, etc.

Quand Antoinette vit la tour,   *bis.*
Elle voulut fair' demi-tour ;   *bis.*
   Elle avait mal au cœur
   De se voir sans honneur.
   Dansons la carmagnole, etc.

Lorsque Louis vit le fossoyer. *bis.*
A ceux qu'il voyait travailler, *bis.*
   Il disait que pour peu
   Il était dans ce lieu.
   Dansons la Carmagnole, etc.

Le patriote a pour amis, *bis.*
Tous les bonnes gens du pays ; *bis.*
   Mais ils se soutiendront
   Tous au son du canon.
   Dansons la carmagnole, etc.

L'aristocrate a pour amis, *bis.*
Tous les royalist's à Paris ; *bis.*
   Ils vous les soutiendront
   Tout comm' des vrais poltrons.
   Dansons la carmagnole, etc.

La gendarm'rie avait promis *bis.*
Qu'elle soutiendrait la patrie ; *bis.*
   Mais ils n'ont pas manqué
   Au son du canonié.
   Dansons la carmagnole, etc.

Amis, restons toujours unis,   *bis.*
Ne craignons pas nos ennemis ;   *bis.*
   S'ils viennent attaquer,
   Nous les ferons sauter.
   Dansons la carmagnole, etc.

Oui, je suis sans culotte, moi,   *bis.*
En dépit des amis du roi,   *bis.*
   Vivent les Marseillois,
   Les Bretons et nos lois.
   Dansons la carmagnole, etc.

Oui, nous nous souviendrons toujours *bis.*
Des sans-culottes des faubourgs   *bis.*
   A leur santé, buvons.
   Vivent ces bons lurons !
   Dansons la carmagnole,
Vive le son ! vive le son !
   Dansons la carmagnole,
Vive le son du canon !

Nous avons dit la folie sanguinaire du peuple.
Qu'on en juge par ces lignes tirées des *Révolutions de Paris* : « Après l'exécution, quantité de volontaires s'empressèrent de tremper dans le sang du despote le fer de leurs piques, la baïonnette de leurs fusils ou la lame de leurs sabres. Beaucoup d'officiers du Bataillon de Marseille et autres imbibèrent de ce *sang impur* des enveloppes de lettres qu'ils portèrent à la pointe de leurs épées, en tête de leur compagnie, en disant :

— Voici du sang d'un tyran ! — Un citoyen monta sur la guillotine même, et, plongeant tout entier son bras nu dans le sang de Capet qui s'était amassé en abondance, il en prit des caillots plein la main et en aspergea par trois fois la foule des assistants qui se pressaient au pied de l'échafaud pour en recevoir chacun une goutte sur le front !

Frères ! disait le citoyen, en faisant son aspersion, frères ! on nous a menacés que le sang de Louis Capet retomberait sur nos têtes : eh bien ! qu'il y retombe. Républicains ! le sang d'un roi porte bonheur ! »

Quittons ces furies de la guillotine en souhaitant que l'avenir nous préserve des Révolutions ! Heureusement que pour effacer ces chants (1) d'autres plus élevés vont naître, ayant pris leur inspiration dans l'amour de la patrie et dans

(1) *Mémoires sur la Convention.*

la haine de l'Etranger envahisseur de notre sol !

Saluons donc encore et toujours ces patriotes immortels, nobles enfants de notre France bien-aimée !

Aux chants de la *Carmagnole* et du *Ça ira* succèdent ceux de la *Marseillaise* avec *Rouget de l'Isle*, ceux de *Joseph Chénier* avec le *Chant du départ*, et enfin, pour ne citer que ces trois héros, *Casimir Delavigne*, le Poète des *Messéniennes*, dont les strophes de la *Parisienne* eurent la même faveur populaire que les autres poèmes héroïques.

Ces chants inspirés par le patriotisme, véritables hymnes de guerre, vinrent enflammer des plus nobles ardeurs le cœur de tous les patriotes épris de justice et de liberté! Après, nous arrivons au Directoire, et nous devons citer le nom d'*Ange Pitou*, qui obtint un grand succès parmi la jeunesse dorée des *incroyables*, lesquels affectèrent un ridicule grotesque, allant jusqu'à l'idiotisme. L'on en sait le costume étrange : *Cheveux courts par derrière, longs et rabattus sur les yeux, pour imiter la toilette des condamnés à la guillotine, bas chinés, habit court et carré, gilet de panne chamoise à dix-huit boutons de nacre, cravate verte montant jusqu'à la bouche, des lunettes, deux montres*, etc.

Que l'on ajoute à cet accoutrement un *zézaiement* inepte dans le parler, et l'on aura un portrait fidèle de ces muscadins, « qui mirent à la mode, chez les femmes, les nudités des courtisanes de la Grèce ! »

Si l'époque était *troublée*, la cervelle de toute cette société ridicule ne l'en était pas moins, on le voit ! et le nom d'*Incroyable* est bien celui qu'il faut écrire comme mot de la fin.

L'on continuera de chanter sous le Directoire, quoique le peuple soit rentré « dans ses taudis, dans sa misère ».

Epoque de transition, s'il en fut une. Le peuple a quitté son bonnet rouge, la bourgeoisie, la noblesse sortent à nouveau les carrosses ! le Palais Royal reprend son animation libertine, les tripots y sont nombreux, la débauche s'y donne rendez-vous. Jamais, disent les chroniques, « il n'y eut un tel amour des plaisirs, jamais les spectacles licencieux et les courtisanes n'avaient eu une si grande vogue... Après l'argent, la danse est devenue l'idole des Parisiens ».

Une chanson de *Garat* (Pierre-Jean) passionne l'aristocratie nouvelle, de même que les *entrechats* du danseur *Vestris*, « Dieu de la danse ».

Et c'est vers cette époque que nous voyons débarquer à Paris *Désaugiers*, revenant d'Amérique après avoir éprouvé tous les malheurs d'une sauvage et barbare révolution en Haïti (Saint-Domingue). Sous le règne de ce nègre sanguinaire *Messalines*, qui fit égorger 10.000 mulâtres ; hélas ! il en était de même en *1883*, qu'en 1791, car l'auteur de cette étude fut lui-même témoin des atrocités de cette révolution, sous le Président *Salomon*. Et qui pourrait donner une idée, et retracer les mutilations, les gémissements des mulâtres et des pauvres mulâtresses de *Pont-au-Prince, Saint-Marc, Miragoane*, pendant cette Révolution de 1883 ? (1)

Il faudrait, pour fixer ces horreurs, la plume de Tacite. Nous avons donc vécu, au même âge que Désaugiers, ces heures inoubliables, *au doux pays de ces Messieurs de* COULEU ! et ces heures de pillages de meurtres, de viols et d'incendies ne s'effaceront jamais de notre mémoire. Donc, après une absence de cinq années, *Désaugiers*, qui devait s'illustrer dans le Vaudeville et les couplets joyeux, revoyait Paris au moment fantaisiste du Directoire.

Après les horreurs de la Révolution, l'on éprouvait le besoin de se réunir, de jouir de la vie et des plaisirs de la table. « Il faut fêter *Bacchus* et *Comus*, il est de bon ton d'être Epicurien. »

D'un caractère enjoué, d'une belle humeur, d'un physique agréable, notre joyeux Désaugiers ne pouvait trouver une époque plus en rapport avec ses penchants et ses dispositions artistiques. Il se livre sans retard, et tout entier, à la littérature et la musique.

Désaugiers, né en Provence, pays des Trouba-

---

(1) Voir *En Océanie et aux Antilles*, par l'auteur (COMBET, Ed., Paris).

dours, était d'une famille où les dons de l'esprit, de la musique et du chant étaient héréditaires : il y avait, nous dit *Sainte-Beuve,* dans ses *Portraits et Contemporains,* « comme un courant naturel de verve, de gaîté, de musique, qui allait du père aux enfants ».

En quelques mois, il est le fournisseur attitré de petits Théâtres à la mode où il lance des pièces étincelantes d'esprit et d'une allure spéciale.

Nous ne pouvons suivre Désaugiers dans sa vie et retracer tous les succès qu'il obtint ; il nous faudrait écrire une Etude spéciale ; mais cependant l'on nous pardonnera volontiers de nous étendre un peu sur ce chansonnier que l'on surnomma l'*Anacréon Français,* car nous pouvons dire que la gaîté française et la chanson de table ne vinren égayer les agapes de nos sociétés littéraires qu'à cette rentrée de Désaugiers parmi les amis de la bonne chanson, et pour ces raisons ce joyeux rimeur appartient à l'histoire de la *Chanson Française.*

Il écrivit plus de *120 pièces de théâtre,* et fut un créateur de types observés finement, dans l'attitude et la physionomie ; mais, c'est surtout dans la chanson, que Désaugiers devait acquérir la notoriété et se classer parmi les premiers chansonniers de son époque « et du Rocher de Cancale », Société Littéraire dont il fut président. Avant d'arriver à Désaugiers j'ai donné un *léger* aperçu du Directoire et du Palais-Royal. A seule fin de ne pas nous écarter de cette date, nous trouvons dans les œuvres du chansonnier quelques tableaux merveilleux, où le talent du maître fait passer sous nos yeux, comme en un cinématographe, des scènes de la vie de Paris, *série miniature,* véritables tableaux vivants des mœurs et d'une époque, qui marque un point d'histoire, non éloignée du *Directoire* et *des Incroyables...*

LE PALAIS-ROYAL

Air de la *Sauteuse*

Du Palais-Royal
Comme je peindrais bien l'image,
 Si de Juvénal
J'avais le trait original !
 Mais tant bien que mal,
Muse, entamons ce grand ouvrage...
 Quel homme, au total,
Mieux que moi connaît le local ?
 Entrepôt central
De tous les objets en usage ;
 Jardin sans rival,
Qui du goût est le tribunal...
 L'homme matinal
Peut, à raison d'un liard la page,

De chaque journal
S'y donner le petit régal,
D'un air virginal,
Une belle au gentil corsage
Vous mène à son bal,
Nommé *Panorama moral*...
Sortant de ce bal,
Si de l'or vous avez la rage,
Un râteau fatal
Sous vos yeux roule ce métal ;
Et par ce canal
L'homme de tout rang, de tout âge,
Va d'un pas égal
A la fortune, à l'hôpital.
Le Palais-Royal
Est l'écueil du meilleur ménage ;
Le nœud conjugal
S'y brise net comme un cristal.
Le provincial,
Exprès pour l'objet qui l'engage,
Y vient d'un beau schall
Faire l'achat sentimental ;
Mais l'original
A vu certain premier étage...
Heureux si son mal
Se borne à la perte du schall !...
Dans un temps fatal,
Si maint politique orage
Le Palais-Royal
Devint le théâtre infernal,
Du gai carnaval
Il est aujourd'hui l'héritage.

>   Jeu, spectacle, bal,
> Y sont dans leur pays natal,
>   Flamand, Provençal,
> Turc, Africain, Chinois, Sauvage,
>   Au moindre signal,
> Tout se trouve au Palais-Royal ;
>   Bref, séjour banal
> Du grand, du sot, du fou, du sage,
>   Le Palais-Royal
> Est le rendez-vous général.

Ces chants de genre (car il faut lire : *Paris en Miniature, Tableau de Paris à cinq heures du matin et cinq heures du soir* et d'autres), ne sont pas, pour notre part, les moins attrayants dans l'œuvre du chansonnier, car il se montre ici observateur spirituel, et d'une finesse remarquable. Mais il fallait entendre l'auteur chanter ses œuvres, disent les biographes ; « excellent compositeur et doué d'une voix agréable, il charmait absolument son public *car il jouait, dit-on, ses chansons.*

Désaugiers était un homme gai (quoique Béranger nous ait dit que cette gaîté n'était pas le fond de son caractère) (1), il appliquait dans sa vie *la devise* qu'il avait choisie pour la Société Littéraire du Caveau Moderne, savoir :

> « Aime, ris, chante et bois,
> « Tu ne vivras qu'une fois.

(1) Voir *Ma Biographie*.

Par ses chants pleins de verve, de vitalité, de la gaîté pétillait avec la mousse du Champagne, Désaugiers fut un chansonnier recherché de toutes les sociétés gastronomiques et bachiques ; de 1806 à 1815 il fut le chantre populaire de la gaîté sous l'Empire, comme il le sera sous Louis XVIII et sous Charles X ; son cœur était bon et malgré le *flon flon* et le *pan pan bachique*, cet Epicurien était capable d'écrire des chants philosophiques, et nous ne pouvons résister au plaisir de citer : *La Philosophie d'un sexagénaire* :

> A soixante ans, on ne doit pas remettre
> L'instant heureux qui promet un plaisir ;
> Plus tard, le sort voudra-t-il nous permettre
> De le rejoindre et de le ressaisir ? (*bis*)
> Sur l'avenir je ne compte plus guère :
> Le présent seul à mon âge est certain ; (*bis*)
> Mon plus beau jour est celui qui m'éclaire,
> Car les vieillards n'ont pas de lendemain. (*bis*)
>
> Si le destin veut prolonger ma vie,
> Je me résigne à ces sages décrets ;
> Mais mourir vieux, n'est pas ce que j'envie :
> L'âge souvent amène des regrets. (*bis*)
> Chacun son tour est la règle du sage ;
> Contentons-nous d'égayer nos instants. (*bis*)
> Celui qui plie à soixante ans bagage,
> S'il vécut bien, vécut assez longtemps. (*bis*).

Ces strophes sont vécues et humaines et cette

mélancolie, qui monte ainsi aux lèvres de Désaugiers, pourrait donner raison à Béranger, si l'auteur de *M. et Mme Denis* n'avait, pendant plus de trente ans, été le boute-en-train de toutes les réunions épicuriennes :

> Lorsque le champagne
> Fait en s'échappant
>   Pan pan,
> Ce doux bruit me gagne
> L'âme et le tympan !

Vivat à Désaugiers qui refit épanouir le rire sur les lèvres closes par la terreur sanglante. Président du Caveau, il fut nommé par deux fois Directeur du Vaudeville ; cet homme aimable n'avait pas, autant dire, d'opinions politiques, peut-être un penchant pour la fleur de lys !... mais il s'accommodait fort bien de tous les régimes pourvu que ceux de la table fussent bons ! Il chanta pour l'Empire, pour Louis XVIII et Charles X qui le fit chevalier de la légion d'honneur et reçut une pension sur la Cassette de ce Roi, et dans nos recherches sur *l'Anacréon Français* nous avons découvert cette note que nous croyons inédite dans ses biographies :

« Le Grand Orient pouvait citer avec orgueil parmi les maçons qui appartenaient à son atelier : XXI Désaugiers XX ».

Comme tous les méridionaux, Désaugiers avai

un extérieur charmant, une gaieté inépuisable ; ce bon et joyeux compagnon mourut de la pierre le 9 avril 1822, âgé de 54 ans, il fut profondément regretté et fit lui-même cette originale et facétieuse épitaphe :

> Ci-gît hélas, sous cette pierre,
> Un bon vivant mort de la pierre.
> Passant; que tu sois Paul ou Pierre,
> Ne va pas lui jeter la pierre.

Il avait peu d'ennemis, mais il en avait néanmoins dans les admirateurs de Béranger; du reste, on a toujours des ennemis, et l'on connaît cette phrase d'Elysée Reclus : « Garde-toi de réussir... ou bien tu n'éviteras pas la haine des jaloux », et l'on pourrait ajouter : ... la haine, surtout, de ceux auxquels tu auras rendu service.

La lettre autographe que nous publions prouve la bonté du chansonnier et sa bienveillance, et l'anecdote ci-dessous nous montrera son bon cœur et son insouciance de l'argent :

« Un jour qu'il rentrait chez lui avec un sac rempli d'écus (1.200 francs), qu'il venait de toucher, il rencontra un de ses amis à qui il conta sa bonne fortune. « Tu es bien heureux de toucher tant d'argent, et je suis loin de ta position. — Eh bien! dit Désaugiers, veux-tu partager? » Le partage fut fait sur une borne et Désaugiers

Monsieur,

Votre ouvrage est de la gaité, mais pas une gaité convenable au Vaudeville. Le Théâtre de l'Ambigu me paraît être celui où il pourrait être joué avec le plus d'avantage. C'est une bouffonnerie qui dégagée de quelques longueurs pourra tenir sa place sur une scène où le vaudeville n'est que accessoire.

Vous voyez, Monsieur, à la franchise avec laquelle je vous dis mon opinion que je ne vous donne pas pour désirer … croyez à la cordialité avec laquelle j'ai l'honneur d'être, Monsieur, Votre très humble serviteur

ce 18 avril.
Desaugiers

rentra chez lui avec 600 francs de moins et le plaisir d'avoir obligé un ami (1). »

Parmi les contemporains de Désaugiers, nous voyons le Barde national *Béranger*, tous deux de caractère et de pensers différents. Comme nous avons consacré une Etude au chansonnier Patriote et Républicain, nous y renverrons le lecteur (2).

Aucune comparaison à faire entre ces deux chansonniers. Béranger peu à peu est devenu un véritable apôtre du progrès social, sa vie fut désintéressée et ses chants élevés, d'un ardent et sincère patriotisme, laissant sur le front de ce grand penseur la clarté, toujours vive, d'une auréole glorieuse et de génie !

Il aima passionnément la France, lutta fièrement contre le régime despotique pour le triomphe des idées démocratiques.

Et nous saluons respectueusement à nouveau, en Béranger, non seulement le grand Maître de la chanson, mais aussi et surtout, le patriote et démocrate citoyen, qui fut surnommé le *Père du Peuple*.

Par son caractère, par sa vie toute de bonté, par

---

(1) *La Grande Encyclopédie.*
(2) *Etude sur Béranger le chansonnier, Patriote et Républicain,* Préface de Jules Claretie de l'Académie Française (L'Edition : rue de Furstenberg, Paris).

ses œuvres d'un esprit éclairé sur les questions sociales, Béranger demeure le plus grand chansonnier de son époque, et j'ajoute, qu'aucun autre n'est parvenu jusqu'à ce jour à le surpasser en talent, en patriotisme, en bonté et surtout en désintéressement.

Honneur donc à Béranger! qui appartient incontestablement à l'histoire de la France et dont l'œuvre sociale est immortelle!

Nous arrivons bientôt à *Gustave Nadaud*, mais il nous paraît impossible, en suivant l'histoire de la Chanson Française, de ne pas consacrer quelques pages au Poète-Chansonnier Lyonnais *Pierre Dupont*. L'œuvre de ce merveilleux chantre de la nature est assez puissante, pour que le lecteur nous permette de saluer l'inoubliable auteur des *Sapins*, *des Bœufs*, et de tant d'autres œuvres grandioses qui placent cet amoureux de la nature au premier rang des Poètes de l'Eglogue et de la poésie humaine.

Mon cher Monsieur Servouf, si je
n'étais retenu au logis depuis plusieurs
jours, j'aurais déjà été vous remercier
des secours que vous avez souhaités
et fait accorder à la digne M.me Lemieux;
et plus ancinnement encore à votre
ancienne connaissance M.me Valobière.
La veillard Monsieur Dessery remercient, et,
je crois dissery asseure que vous avez fait là
deux bonnes actions. M.me Lemieux mérite
ce qu'on a fait pour elle et je pense même
qu'elle aurait droit à mieux. quant à
M.me Valobière elle est dans le plus triste
état de santé et passe douceur de mieux,

[Handwritten letter — largely illegible cursive. Partial readings:]

[...]

Croyez donc, mon cher Monsieur, à mes sentiments de gratitude et de dévouement. Tout à vous

Béranger

22 mars 1853.

P.S. Si vous le croyez convenable, veuillez [...] de ma part M. de [...], que je n'ai pas l'honneur de connaître.

On m'apprend qu'on me dit mort. Je vous jure que cela est controuvé. Si je n'ai pas couru tout Paris depuis 8 jours, c'est l'effet d'une grippe fort tenace, rien de plus.

PIERRE DUPONT

PIERRE DUPONT

Pierre Dupont se trouva orphelin dès l'âge de quatre ans et fut alors recueilli par son oncle, brave curé de Rochetaillée-sur-Saône à quelques lieues de Lyon. Le souvenir des spectacles riants de cette merveilleuse contrée laissèrent, dans l'esprit et le cœur de l'enfant, un inoubliable souvenir, dont plus tard le poète animera ses poèmes.

Vers l'âge de neuf ans, Pierre Dupont fut placé au petit séminaire de Largentière, son oncle désirant faire de son neveu un prêtre. Malheureusement pour le brave curé (et heureusement pour la chanson), le jeune Dupont était de nature indépendante, il ne put se plier à la discipline du recueillement et quitta le séminaire, avant d'avoir achevé ses études. Quoique fort contrarié, son oncle s'occupa de lui faire apprendre un état qui lui permît de vivre plus tard.

Nous voyons donc, tristement, le jeune Dupont

passer successivement, apprenti canut, clerc de notaire, employé de Banque avant de venir à Paris se faire un nom dans les lettres.

Il faut dire que Pierre Dupont avait déjà *enfourché le cheval ailé !* Quelques poèmes, dont celui du *Nid de la Sainte Vierge,* lui avaient conquis les encouragements des lettrés et, mieux encore, une jeune fille du meilleur monde, Mlle Louise de Senneville, devint l'inspiratrice de ses premiers poèmes, qu'il rima en l'honneur de cette jeune Béatrice.

Dupont avait déjà commencé son poème des *Deux Anges*; une fois terminé il vint à Paris, et sur le conseil du grand poète *Pierre Lebrun,* auteur de *Marie Stuart,* déposa son manuscrit à l'Académie Française, rentrant ainsi en lice dans ce haut tournoi littéraire.

Ce poème des *Deux Anges* fut couronné par l'Académie Française en 1842.

Une heureuse initiative de souscription, faite à Provins, dont la famille de Pierre Dupont était originaire, lui permit d'*acheter* un remplaçant et de s'exonérer du service militaire ; libéré de cette obligation, notre poète avait toute liberté pour se parfaire dans la poésie, son prix Académique lui valut même une place d'aide au Dictionnaire de cette compagnie, assurant ainsi sa vie matérielle.

Néanmoins, les aspirations poétiques de Dupont

n'étaient pas encouragées par les *Editeurs*. Un d'eux, dit-on, lui conseilla de publier cinq à six ouvrages, à *ses frais*, alors que le poète espérait le voir acheter son manuscrit !...

— Mais je ne suis pas riche, dit Dupont.

— Vous n'êtes pas riche... alors pourquoi écrivez-vous ? (1)

Hélas ! nous savons tous les extraordinaires réponses de MM. les Editeurs aux jeunes talents, aussi Dupont partit navré de ce premier contact avec les hommes... d'impression !

Bien avant de déposer son manuscrit à l'Académie, notre futur chansonnier, nouvellement débarqué à Paris, eut l'idée d'aller faire visite à Victor Hugo. Voici l'anecdote :

Dupont se présente chez le grand poète, lui fait passer son nom : Hugo l'ignore, ou à peu près, lui fait répondre par son domestique qu'il ne peut le recevoir.

Dupont redescendit l'escalier tristement et fut désappointé, on le comprend. Il lui vint alors la pensée d'écrire les vers ci-dessous sur une de ses cartes :

> Si tu voyais une anémone,
> Languissante et près de mourir,
> Te demander comme une aumône
> Une goutte d'eau pour fleurir ;

(1) *Les Contemporains, Pierre Dupont*, par J.-M.-J. BOUILLAT.

> Si tu voyais une hirondelle
> Un jour d'hiver te supplier,
> A tes vitres battre de l'aile
> Demander place à ton foyer ;
>
> L'hirondelle aurait sa retraite,
> L'anémone sa goutte d'eau,
> Pour toi, que ne suis-je, ô poète,
> Ou l'humble fleur, ou l'humble oiseau.

(C'était une sorte de coquetterie du poète) ; les vers crayonnés, il remonte sonner à la porte de Victor Hugo, lui fait passer les vers et s'en va.

Mais à peine était-il dans la rue que le domestique de Victor Hugo le rejoint et lui dit que son maître veut le voir de suite.

Et voilà la connaissance faite. Victor Hugo avait reconnu, dans les quelques vers improvisés, un poète de race. Il va sans dire qu'il s'intéressa à Dupont et lui fit ouvrir bien des portes, quoiqu'on ait dit que l'auteur des *Châtiments* ne fit rien pour Dupont, cette opinion est fausse et les vers suivants, moins connus que les premiers, témoignent de la reconnaissance du poète envers le maître.

Lors de l'apparition de son premier volume de chansons, Pierre Dupont envoya, en forme de dédicace, à Victor Hugo, ces trois quatrains :

> Sous ton regard, douce rosée,
> Depuis l'anémone a fleuri :
> L'hirondelle a vu ta croisée
> Ouvrir à son aile un abri.
>
> Ton foyer est plein d'étincelles,
> Ta vitre pleine de lueurs,
> L'hirondelle y chauffe ses ailes,
> L'anémone y dora ses fleurs.
>
> En échange de cette aumône
> Reçois, à chaque renouveau,
> Toutes les fleurs de l'anémone,
> Toutes les chansons de l'oiseau !

Quelle grâce et quelle simplicité dans ces vers, quelle délicatesse dans la pensée du poète reconnaissant !

Victor Hugo encouragea donc, certainement, les efforts de Pierre Dupont, et c'est un point que nous tenions à fixer.

Quand il crut pouvoir vivre de son talent, lequel ne prit naissance qu'avec la *Chanson des Bœufs*, il quitta sa place à l'Académie (vers 1845).

Dupont était lié avec beaucoup d'artistes, et ce fut *Gounod*, le célèbre compositeur, qui, entendant Pierre Dupont chanter la *Chanson des Bœufs*, assura son succès en la faisant interpréter devant tous ses amis au théâtre des Variétés par *Hoffmann*, costumé en laboureur *normand*. Dès lors, Dupont était lancé, et, pendant vingt ans, ses chants furent popularisés dans toute la France.

Pierre Dupont *chantait* ses strophes en les écrivant, et un compositeur *notait* les airs du chansonnier, qui ne savait pas la musique. M. Flotard, dans la *Revue du siècle*, causerie d'antan (1), nous apprend que Pierre Dupont, qui devait chanter des chants de Liberté en 1848, « fréquentait en 1843 un cercle catholique où ses vers étaient goûtés et pratiquait Ozanam et discutait avec Lacordaire ».

Ceci n'est point surprenant, car nous savons qu'à son arrivée à Paris, Dupont fit passer quelques poèmes légitimistes dans la *Gazette de France* et le *Quotidien*, en souvenir probablement de sa noble et première petite muse, Mlle *Louise de Senneville*; mais, passons sur ces différentes couleurs !... Nous pourrions, si nous le voulions, nous étendre bien davantage sur la vie du poète, mais nous esquissons à grands traits l'histoire littéraire de Dupont et nous renvoyons le lecteur, pour une étude plus approfondie, à la table bibliographique que nous avons établie, à la fin de ces notes, car nous ne devons oublier que l'étude principale de cet ouvrage est consacrée à Gustave Nadaud.

La Poétique de Pierre Dupont peut se diviser en trois séries, savoir : Les *Chants rustiques*, les *Chansons ouvrières*, les *Chansons politiques*.

---

(1) T. XIII, p. 140, 1899.

Nous donnerons une chanson de chaque série, à seule fin de faire revivre ces chants, malheureusement trop oubliés de nos jours, car, ainsi que l'écrivait un fin lettré, *M. Jean d'Armor :* « Non seulement Georges Sand, Musset, Lamartine, Karr, le bon Dumas, sont inconnus de nos générations », et dans la chanson, disait-il, on ne chante plus les refrains de Béranger ; Désaugiers, Nadaud, Pierre Dupont sont d'illustres inconnus, et si l'on n'entend jamais prononcer le nom de la Lisette de Béranger, tous les gamins de Paris (et d'ailleurs), en revanche, connaissent *Viens Poupoule !* (1). C'est malheureusement très exact, mais nous travaillons à la *renaissance* de la bonne *Chanson Française* et nous sommes assurés que le beau et le bien triompheront de l'*argot* et de l'*inepte* ; tous nos efforts tendent à cette réaction, et c'est dans cette idée que fut fondée, par le chansonnier *Ernest Chebroux*, l'œuvre louable de la *Chanson Française*, dont les filiales de *Lyon*, *Rouen* et *Toulouse*, dirigées avec le plus *grand dévouement* et le *plus entier désintéressement*, répandent leurs bienfaits parmi les jeunes filles ouvrières de ces grandes cités. Nous avons du reste dans le *Journal musical*, dans la *Revue des concerts à l'école* et le *Réveil de l'Eure* exposé la genèse, le but *phitanthropique*

---

(1) Voir *La Revue des concerts à l'école*, août-septembre 1909.

et moral de cette œuvre populaire, éducatrice de
l'esprit et du cœur. Et c'est dans cet espoir
aussi, que nous avons entrepris ce travail.

Voici les chants de Pierre Dupont :

LES SAPINS

J'allais cueillir des fleurs dans la vallée,
Insouciant comme un papillon bleu,
A l'âge où l'âme à peine révélée
Se cherche encore et ne sait rien de Dieu.
Je composais avec amour ma gerbe,
Quand, au détour du coteau, l'aspect noir
De sapins verts couvrant un sol sans herbe
Me fit prier ainsi sans le savoir :

    Dieu d'harmonie et de beauté,
    Par qui le sapin fut planté,
    Par qui la bruyère est bénie,
        J'adore ton génie
        Dans la simplicité !

Le sapin brave et l'hiver et l'orage,
Chaque printemps lui fait un éventail ;
Droite est sa flèche et vibrant son feuillage
L'art grec s'y mêle au gothique travail,
Les blancs piliers un souffle les balance,
Sans plus d'efforts que de simples roseaux :
Chœur végétal, symphonie, orgue immense,
Qui darde au ciel d'innombrables tuyaux.

> Dieu d'harmonie et de beauté
> Par qui le sapin fut planté,
> Par qui la bruyère est bénie,
> J'adore ton génie
> Dans sa simplicité.

Les bûcherons, dont la hache est sonore,
Sapin géant, coupent tes bois légers,
Qui porteront du couchant à l'aurore
Hommes, bestiaux et produits échangés.
De ta résine on enduira tes planches,
Tu doubleras les caps sombres sans peur,
Tantôt voguant au gré des voiles blanches,
Tantôt poussé par l'ardente vapeur.

> Dieu d'harmonie et de beauté
> Par qui le sapin fut planté,
> Par qui la bruyère est bénie,
> J'adore ton génie
> Dans sa simplicité.

L'Archet de Dieu règle votre cadence,
Musiciens rythmés par l'aquilon.
Un jour des bals vous mènerez la danse
De l'orme agreste au splendide salon.
Vous traduirez des accents dont la flamme
Cherche des cœurs l'invisible chemin ;
Aux violons vous donnerez une âme
Et vibrerez dans un Archet humain.

Dieu d'harmonie et de beauté
Par qui le sapin fut planté,
Par qui la bruyère est bénie,
J'adore ton génie
Dans sa simplicité.

Heureux sapins, vos solives légères
Font les chalets, construisent les hameaux ;
Dans vos taillis se cachent les bergères,
Et les buveurs dorment dans vos rameaux.
L'humanité par vos soins est servie,
Bois familiers, dans sa joie et son deuil ;
Dans un berceau vous accueillez la vie,
Et vous clouez ses morts dans un cercueil.

Dieu d'harmonie et de beauté
Par qui le sapin fut planté,
Par qui la bruyère est bénie,
J'adore ton génie
Dans sa simplicité.

Arbres divins, respectés des tempêtes,
Vous inspirez le calme et ces douceurs
Qu'aime la foule aux vers de ses poètes,
Et qu'Apollon enseignait aux neuf sœurs.
Quand, au hasard, la sagesse infinie
Eclaire un front, c'est à l'ombre des bois ;
Reviens, Orphée, y rêver l'harmonie ;
Viens, ô Lycurgue ! y méditer des lois.

Dieu d'harmonie et de beauté
Par qui le sapin fut planté,
Par qui la bruyère est bénie,
   J'adore ton génie
    Dans sa simplicité.

LA CHANSON DE LA SOIE

C'est du pays bleu de la Chine,
Contrée où fleurit l'inconnu
Et plus d'une plante divine
Que le mûrier blanc est venu.
Sa feuille est soyeuse et fertile,
Le ver à soie en la rongeant
A son insu dévide et file
Un écheveau d'or et d'argent.

Filez, moulins ; glissez, navettes ;
Tissez le satin, le velours ;
Faites des robes de toilettes,
Faites des nids pour les amours.

Les plus célèbres filandières,
Les Parques, Minerve, Arachné
Ont brisé fuseaux et filières
Lorsque le ver à soie est né.
On peut comparer la finesse
De son linceul, brillant réseau,
Aux fils blancs que la Vierge laisse
S'éparpiller de son fuseau.

Filez, moulins ; glissez, navettes ;
Tissez le satin, le velours ;
Faites des robes de toilettes,
Faites des nids à nos amours.

L'an deux mille, une fée, en Chine,
Surnommée Esprit du mûrier,
De ses jardins fit une usine,
Du ver à soie un ouvrier.
Un beau jour, la France l'accueille,
Et, dardant son plus chaud rayon,
Du mûrier fait pousser la feuille,
La soie est tissée à Lyon.

Filez, moulins ; glissez, navettes ;
Tissez le satin, le velours ;
Faites des robes de toilettes,
Faites des nids à nos amours.

La soie au courant bleu du Rhône
Se trempe aussi bien que le fer ;
Voyez luire le satin jaune,
Le rose ou blanc, le bleu, le vert.
Quand une fille ou blanche ou noire
Danse dans l'éclat du satin,
Dans le velours ou dans la moire,
C'est comme un rayon du matin.

Filez, moulins ; glissez, navettes ;
Tissez le satin, le velours ;
Faites des robes de toilettes,
Faites des nids à nos amours.

Que de métiers, que de bobines !
Que de travaux et d'œuvres d'art !
Quel essor donnent aux machines,
Vaucanson et l'humble Jacquart !
Quand l'insecte a fini sa tâche,
Des milliers de doigts sont en jeu ;
Les fils sont croisés sans relâche,
L'homme achève l'œuvre de Dieu.

Filez, moulins ; glissez, navettes ;
Tissez le satin, le velours ;
Faites des robes de toilettes,
Faites des nids à nos amours.

Dans ce labyrinthe de fées,
L'esprit émerveillé se perd,
Mais combien d'âmes étouffées,
Dans ce travail, comme le ver !
J'entendais une jeune fille
Dire en pleurant sur son fuseau :
« Je suis comme l'humble chenille,
« Et je file aussi mon tombeau. »

Filez, moulins ; glissez, navettes ;
Tissez le satin, le velours ;
Faites des robes de toilettes,
Faites des nids à nos amours.

A vos fuseaux chantez, fileuses,
Chante canut à ton métier,
Car vos heures laborieuses
Fleuriront comme l'églantier.

Voilà votre tour qui s'avance ;
Voyez le bal étincelant,
Où chaque épousée entre en danse
En beaux habits de satin blanc.

Filez, moulins ; glissez, navettes ;
Tissez le satin, le velours ;
Faites des robes de toilettes,
Faites des nids à nos amours.

LE CHANT DES OUVRIERS

Nous dont la lampe le matin,
Au clairon du coq se rallume,
Nous tous qu'un salaire incertain
Ramène avant l'aube à l'enclume,
Nous qui des bras, des pieds, des mains,
De tout le corps luttons sans cesse
Sans abriter nos lendemains
Contre le froid de la vieillesse.

Aimons-nous, et quand nous pouvons
Nous unir pour boire à la ronde,
Que le canon se taise ou gronde,
     Buvons (*ter*)
A l'indépendance du monde !

Quel fruit tirons-nous des labeurs
Qui courbent nos maigres échines !
Où vont les flots de nos sueurs ?
Nous ne sommes que des machines.
Nos Babels montent jusqu'au ciel,
La terre nous doit ses merveilles :
Dès qu'elles ont fini le miel
Le maître chasse les abeilles.

Aimons-nous et quand nous pouvons
Nous unir pour boire à la ronde,
Que le canon se taise ou gronde,
   Buvons *(ter)*
A l'indépendance du monde !

Nos bras, sans relâche pendus,
Aux flots jaloux, au sol avare,
Ravissent leurs trésors perdus :
Ce qui nourrit et ce qui pare :
Perles, diamants et métaux,
Fruit du coteau, grain de la plaine,
Pauvres moutons, quels bons manteaux
Ils se tissent avec notre laine !

Aimons-nous, et quand nous pouvons
Nous unir pour boire à la ronde,
Que le canon, se taise ou gronde,
   Buvons *(ter)*
A l'indépendance du monde !

Au fils chétif d'un étranger
Nos femmes tendent leurs mamelles,
Et lui, plus tard, croit déroger
En daignant s'asseoir auprès d'elles,
De nos jours, le droit du seigneur
Pèse sur nous plus despotique ;
Nos filles vendent leur honneur,
Aux derniers courtauds de boutique.

Aimons-nous, et quand nous pouvons,
Nous unir pour boire à la ronde,
Que le canon se taise ou gronde,
   Buvons (*ter*)
A l'indépendance du monde !

Mal vêtus, logés dans des trous,
Sous les combles, dans les décombres,
Nous vivons avec les hiboux
Et les larrons amis des ombres ;
Cependant, notre sang vermeil
Coule impétueux dans nos veines ;
Nous nous plairions au grand soleil,
Et sous les rameaux verts des chênes.

Aimons-nous, et quand nous pouvons
Nous unir pour boire à la ronde,
Que le canon se taise ou gronde,
   Buvons (*ter*)
A l'indépendance du monde !

A chaque fois que par torrents
Notre sang coule sur le monde,
C'est toujours pour quelques tyrans
Que cette rosée est féconde ;
Ménageons-le dorénavant,
L'amour est plus fort que la guerre ;
En attendant qu'un meilleur vent
Souffle du ciel ou de la terre.

Aimons-nous et quand nous pouvons
Nous unir pour boire à la ronde,
Que le canon se taise ou gronde,
   Buvons (*ter*)
A l'indépendance du monde ! (1)

Nous n'avons point voulu faire la moindre analyse, après chacune de ces chansons, à seule fin d'en laisser goûter la grandeur, le charme et l'idéal au lecteur.

Mais à présent, nous pouvons dire hautement, que, dans aucune de ses œuvres, Pierre Dupont ne s'est élevé plus magnifiquement que dans la poésie descriptive et philosophique des *Sapins*. La pensée est grandiose, l'image est vraie, impressionnante et sublime !

Dans la *Chanson de la Soie*, avec quelle délica-

---

(1) La *Muse Populaire*, Pierre Dupont, chants et poésies, Paris, Garnier frères, éditeurs, in-8°, 1875, 9ᵉ édit.

lesse il a vécu et détaillé ce poème des humbles artisans canuts !... Et ce refrain, dont le rythme berceur vient gracieusement faire passer sous nos yeux les doigts habiles, de ces jeunes fileuses! vous obsède délicieusement !

« Filez moulins, glissez navettes,
» Tissez le satin, le velours ;
« Faites des robes de toilettes,
« Faites des nids à nos amours ».

Comme tout cela est dit avec exquisité! ici, l'on devine que l'auteur *des Bœufs*, *des Sapins* et de la *Chanson des Ouvriers*, chants rudes et vigoureux, s'est fait plus câlin pour les jeunes filles laborieuses, son vers est plus tendre, plus mélodieux, et ce géant de la nature s'est penché avec dévotion et tendresse sur ces fuseaux comme un père se pencherait sur un frêle berceau, pour envelopper d'amour un être délicat et cher !

Avec la *Chanson des Ouvriers*, c'est le prélude de 1848 ! l'heure est aux questions sociales, aux légitimes revendications du droit à la vie humaine ! et fils d'artisans (fils d'un ouvrier forgeron), dans ce problème passionnant, nous pensons, malgré les polémiques de *Mirecourt* (1) et *Sainte-Beuve* (2),

(1) Voir *Les Contemporains*, de MIRECOURT, 1870.
(2) Voir *Les Causeries du Lundi*, de SAINTE-BEUVE, p. 54.

contre ce geste démocratique de Pierre Dupont, *que le poète eut raison* de prendre parti *pour les déshérités*; à ce moment il se montrait le disciple du grand patriote républicain *Béranger!*

Ch. Baudelaire (dans l'*Art romantique*, t. III, p. 376) nous dit ceci, après avoir entendu Dupont, dans ce *Chant des Ouvriers* (laquelle est sa première *chanson politique*) :

« Si rhéteur qu'il faille être, si rhéteur que je sois et si fier que je sois de l'être, pourquoi rougirais-je d'avouer que je fus profondément ému », et, plus loin, *Ch. Baudelaire ajoute* : «... ici, c'est le sentiment qui se complique d'orgueil poétique, de volupté entrevue dont on se sent digne; c'est un véritable trait de génie. Quel long soupir! quelle aspiration! *Nous aussi, nous comprenons la beauté des palais et des parcs, nous aussi nous devinons l'art d'être heureux!* »

Et Alphonse Daudet a dit aussi des chansons de Dupont : « Qu'elles étaient toutes frémissantes des beaux rêves de 1848, toutes résonnantes des métiers de la Croix-Rousse, toutes embaumées des mille parfums des vallées lyonnaises ».

Appliquons-nous donc à former une génération fière de ses droits et de sa liberté, mais si nous formons *l'esprit*, ne négligeons *pas le cœur* de nos enfants, a seule fin qu'ils pensent comme Dupont que :

> « Le glaive brisera le glaive
> « Et du combat *naîtra l'amour !* » (1)

Patriotes, nous le sommes ! et nous donnerions volontiers, au jour du danger, à notre France menacée, jusqu'à la dernière goutte de notre sang !

Mais n'est-il pas humain de dire, et de *crier* à toutes les nations :

L'Amour *est plus fort que la guerre ?*

En tout cas, c'est une opinion, et personne, je crois, ne pourra nous donner tort, de *rêver* à cette ère nouvelle, humaine et pacifique, pour les futures générations.

En étudiant l'œuvre de Pierre Dupont, nous devons reconnaître qu'il est, avant tout, bucolique, ainsi que Théocrite, Horace ou Virgile.

Devant la nature, Dupont devient un coloriste d'une incomparable maîtrise, et c'est dans les *Chants rustiques*, dans « l'Eglogue » qu'il faut surtout admirer l'auteur, plus poète que chansonnier, car dans certaines œuvres, le refrain est confus et ne vient pas se souder au couplet, ainsi que ceux de Béranger ou Gustave Nadaud, pour ne citer que ces deux chansonniers. La chanson est un art

---

(1) *Chant des Nations*, de Pierre Dupont, publié en 1847, Garnier frères, éditeurs, Paris.

tout spécial, et tel grand maître ciseleur de rimes ou de magnifiques poèmes, ne saurait bien souvent « construire » une chanson.

Nous avons eu, surtout après 48, des ouvriers qui écrivirent de remarquables chansons, il y avait en eux le trait, l'allure et le rythme, car l'ouvrier chante en travaillant dans une cadence, mesurée à sa spécialité, soit, forgeron, menuisier ou peintre, etc. ; l'auteur des *Sapins* est donc plus poète que chansonnier. Pierre Dupont avait épousé, avant 48, je crois, une jeune femme du nom d'*Elisa*, qu'il avait rencontrée dans une sorte de guinguette littéraire ; malheureusement pour le poète, sa femme mourut peu d'années après, d'une maladie de poitrine. Quand *Charles-Louis-Napoléon Bonaparte* eut fait le Coup d'Etat de 1851, Pierre Dupont, qui fréquentait alors les réunions politiques et les clubs révolutionnaires, fut poursuivi pour différentes chansons sociales, parmi lesquelles figure *La Chanson du Pain*.

« On n'arrête pas le murmure
« Du peuple lorsqu'il dit : j'ai faim !
« Car c'est le roi de la nature,
« Il faut du pain, il faut du pain ! »

Cette chanson n'est pas, cependant un *appel à la révolution* ; néanmoins, Dupont fut pris, jugé et condamné à *sept années* d'exil à *Lambessa*, commune d'Algérie, dans la province de Constantine. Grâce à de hautes influences, il obtint sa grâce (à laquelle, peut-être, la *princesse Mathilde* ne fut pas étrangère).

Après ces événements, Pierre Dupont revint à Lyon, vivant au milieu de ses parents et amis ; il abandonna la coupe amère de la politique (pour celle du cabaret), car, il faut bien l'avouer, sous peine de ne pas connaître la vie du poète-chansonnier, le malheureux depuis la mort de sa femme, avait pris de funestes habitudes d'intempérance (1). Dès 1859 la carrière de Pierre Dupont était autant dire terminée, quoiqu'en 1864 *dix Eglogues* du poète furent publiées. L'on parle aussi d'une brochure, *Sur certains bruits de coalition*, publiée en 1860, où il se serait rallié à l'empire, et *Carjat*, le poète-photographe, a raconté bien souvent, que Dupont aurait poussé un *vivat*, sur le passage de l'Empereur ; c'est possible ! car n'oublions pas qu'il fut élevé par un prêtre, qu'il écrivit quelques poèmes légitimistes, et que ses chants humains ne lui furent inspirés que par la misère du peuple et la sienne ! Mais, l'on dit tant de choses sur un homme en vue, que tout est aussi ténébreux là que dans la *genèse* de ses chansons ! (2). Aussi nous passons, et terminons par

(1) Voir *Les Contemporains*, J. M. J. BOUILLAT, p. 18.
(2) Voir *Les causeries d'antan*, FLOTTARD, *Revue du*

quelques citations, venant honorer le poète, et plus dans l'ordre poétique de cette étude avant tout littéraire.

Pierre Dupont était la bienveillance même, il était enjoué, délicat, nous disent ceux qui furent ses amis. Et *Sainte-Beuve* dans les *Causeries du Lundi* a écrit : « Tous ceux qui connaissent, M. Pierre Dupont me le peignent comme un esprit doux, poétique, aimant naturellement le bien, aimant sincèrement la nature et les champs, etc. » (1).

Personne, effectivement, plus que Pierre Dupont ne pouvait aimer la nature ; elle était pour lui la plus belle des maîtresses ? aussi la parait-il avec toutes les couleurs les plus riches, en lui donnant les trésors de son cœur, il l'aimait, en véritable amant, au point même de vouloir changer ses primitifs atours, pour l'embellir encore ; que l'on en juge, par l'anecdote suivante, qu'a contée, avec un esprit subtil et poétique, l'académicien *Jules Claretie* dans la *Vie à Paris* (2). M. Jules Claretie nous apprend tout d'abord que *Pailleron* fut initié aux rimes et aux chansons par Dupont : « Oui, ce fut

---

siècle, 1899. Voir *Rev. Universelle*, Louis COGNAT, t. III, p. 63-64.

(1) Page 54, SAINTE-BEUVE, *Les Causeries du Lundi*.

(2) *La Vie à Paris*, in-8º, 1884, par Jules CLARETIE, p. 41-42.

pourtant Dupont qui poussa l'académicien d'aujourd'hui (1884) à faire des vers, tout en l'entraînant par les bois des environs de Paris et en lui racontant *péripatétiquement* que l'homme n'a de joie que dans cette libre vie, parfois si âpre, des lettres !

— Un jour, nous contait *Pailleron*, il avait apporté des greffes de la *gloire de Dijon* et des *Souvenirs de la Malmaison*, de je ne sais plus quelles roses précieuses et, tout en chantant par les sentiers des bois de Sèvres, il prenait son greffoir, piquait la rose rare sur un églantier sauvage et riait, le Sylvain, en disant : « qui sera bien étonné en passant par ici ? Les parisiennes !... elles croiront que des roses pareilles poussent en plein bois, et si une grisette cueille, une fois par hasard, une fleur qui charmerait une marquise, eh ! bien, il n'y aurait pas de mal à ça, n'est-ce pas, camarade ? »

N'est-elle pas charmante cette anecdote ? et comme elle confirmerait, s'il en était besoin, de l'amour sincère du poète envers la nature. Et, combien il avait raison, car en l'exaltant, en la peignant avec tout son cœur, Pierre Dupont lui doit son immortalité !

Frappe-toi le cœur, c'est là qu'est le génie, a dit le poète, et toutes les pastorales de Dupont furent vécues par lui avec béatitude !

Dans sa Chanson *des Cerises*, par exemple, en *deux vers* il expose devant nos yeux un tableau exquis et frappant, d'une vérité telle que nous ne pouvons nous en détacher que pour l'accompagner plus loin. Ecoutez ces deux vers :

« La pente *verte* des coteaux ?
« Est toute *rouge* de cerises,

Quelle force et quel coloris dans ces deux vers.

Dans les *Fraises*, *deux vers* aussi arrêtent la pensée ; ici même la peinture en est plus séduisante encore.

Voyez :

« Rouge au dehors, blanche au dedans,
« Comme les lèvres sur les dents !

Je n'ai, pour ma part, rencontré plus de beauté et de grandeur dans les plus grands poètes, et si nous voulions, nous pourrions poursuivre longuement ces citations. Dans *La Vigne*, *Les Abeilles*, *Les Pins*, *La chanson du Blé*, *La chanson des foins* et combien d'autres ! Lisez ces chansons et dites-nous si, dans ces pastorales, vous ne trouvez pas le rêve et la couleur séduisante d'un *Millet*, d'un *Corot*, ou d'un *Guillemet* ?

Nous sommes arrivés maintenant à la Mort du Poète !

Au début de l'année 1870 (année terrible), une maladie, dont souffrait Dupont depuis de longues années, emportait, à *quarante-neuf ans*, l'auteur de tant d'œuvres fraîches et populaires, œuvres saines, moralisatrices, œuvres de Fraternité, œuvres d'un terrien *contre l'exode des champs* !

Après une cérémonie à l'Eglise Saint-Bruno des Chartreux, le Poète chansonnier retournait à cette terre, où tout commence et où tout finit, au cimetière de la Croix Rousse !

Vingt-neuf ans plus tard, un monument à Pierre Dupont était inauguré à Lyon, au square des Chartreux, grâce aux initiatives du *Caveau Lyonnais*, des amis de la chanson et surtout au dévouement inlassable d'*Ernest Chebroux et de M. Camille Roy*, lequel, après une remarquable conférence au *Musée Guimet, le 3 avril* 1891, ouvrit une souscription qui permit d'inaugurer la statue de Pierre Dupont, le 30 avril 1899, Œuvre du sculpteur lyonnais M. Girardet (1).

Nous ne pouvons mieux terminer ces pages qu'en citant, du discours de l'honorable secrétaire perpétuel de l'Académie et des Beaux-arts, *M. Roujon*, les paroles suivantes, lesquelles honorent d'autant plus Pierre Dupont, qu'elles émanent d'une haute et distinguée personnalité des Lettres Françaises :

L'œuvre de Pierre Dupont, c'est, parmi les frondaisons du vieux chêne druidique, une larme de

---

(1) Voir *Les Nouvelles illustrées*, 5 nov. 1903, n° 70.

rosée matinale qui scintille au soleil de France (1).

A ce fervent poète de l'enchanteresse nature, *à Pierre Dupont*, qui fit sortir de son luth, pour la terre nourricière, de l'esprit et du corps, ses plus douces, comme ses plus grandioses mélopées rustiques, nous adressons notre hommage respectueux et filial, pour son œuvre immortelle !

Assis avec lui, sous *l'arbre des grands rêves*, ou cheminant avec le poète, vers *les pentes vertes des coteaux*, Pierre Dupont nous a fait délicieusement respirer sa *poétique gerbe*, fleurs écloses dans les sentiers ombreux et discrets du jardin de son cœur, tout en éblouissant nos yeux de célestes clartés !

Angélus des matins printaniers ! Des bois, des vallées, des plaines et des ruisseaux jaseurs ; cantiques d'harmonies ! parfumés des senteurs agrestes ! Pierreries des rosées matinales ! Voilà ses chansons ! et voilà la Muse énivrante que *Pierre Dupont* exalta, glorifia, poétisa, divinisa en laissant dans nos âmes la fièvre extatique de l'éternellement vrai, en versant, dans nos cœurs, le frisson de l'infiniment beau !

(1) Discours pour l'inauguration du Monument de Pierre Dupont, 30 avril 1899.

*Quand les Chênes à chaque brise
Toussent leurs feuilles par milliers,
La Véronique bleue ou blanche
Sème les tapis à leurs pieds
Sans haleine, à peine éclose.
Ce n'est qu'un reflet du Ciel bleu,
Fleur d'azur, goutte de rosée
Que l'aurore a changée en fleur.
  Doux à voir, ô Véroniques,
Vous ne durez qu'une heure ou deux,
Fugitives et sympathiques
Comme des regards amoureux.*

Paris 27 avril 1881.

BIBLIOGRAPHIE

BAUDELAIRE, *Notice sur Pierre Dupont.* — SAINTE-BEUVE, *Causeries du lundi* (21 avril 1851). — AVENEL, *Chansons et chansonniers.* — MIRECOURT, *Les Contemporains : Dupont*, 1870. — ANATOLE DE LA FORGE, *Les serviteurs de la Démocratie*, 1883. — AIMÉ VINGTRINIER, *Une statue à Pierre Dupont*, Lyon, 1883. — H. DERVYL, plusieurs articles sur P. Dupont, dans la *Discussion*, 1886. — A. SYLVESTRE, *Conférence sur Pierre Dupont*, Lyon, 1890. — *Le Salut public*, Etude sur *l'œuvre de Pierre Dupont*, 11 juin 1890 et 4 juin 1895. — C. ROY, *Conférence sur Pierre Dupont*, Lyon, 1891. — F. DUQUESNEL, *Un chansonnier populaire*, dans le *Petit Journal* (9 août 1897, *Intermédiaire des chercheurs et curieux* (30 août et 10 septembre 1897). — A. BLETON, *Les Saisons, Etude sur Pierre Dupont.* — H. ROUGEON, Discours pour l'inauguration du monument de Pierre Dupont (30 avril 1899). — LE ROUX, Allocution pour l'inauguration, etc. — STORCK, *A Pierre Dupont*, Lyon, 30 avril 1899. — Dans la *Revue du siècle*, 1899, t. XII⁰, articles d'E. FLOTTARD : *Causerie d'antan par un contemporain de Pierre Dupont* ; d'ARMAND BELLOC sur *la Vie et les œuvres de Pierre Dupont* ; historique de la souscription pour le monument de Pierre Dupont. — ŒSCHIMANN, fils, plusieurs articles sur Pierre Dupont dans le *Passe-Temps* et le *Parterre*, année 1901. —

Journaux de Lyon, à propos des *Fêtes de la chanson*, 18 octobre 1890, 27 septembre 1892, 2 décembre 1893, et à propos de l'*inauguration du monument de Pierre Dupont*, 30 avril 1899. *Les Contemporains de Mirecourt* (1070). *La vie à Paris*, J. CLARETIE, n° 8, 1884. — *Les Contemporains*, par J. M. J. BOUILLAT. — COGNAT Louis, Pierre DUPONT, à Nantua, *Revue universelle*, 1903, t. 3. — *La Revue du siècle*, oct. 1892, n° 65. — *Les Nouvelles illustrées*, novembre 1903. — *La bonne chanson*, Gabriel CLOUZET, janvier 1908.

ÉTUDE SUR GUSTAVE NADAUD

ET

LETTRES INÉDITES DU CHANSONNIER

A ALFRED ARAGO

ÉTUDE SUR GUSTAVE NADAUD

ET

LETTRES INÉDITES DU CHANSONNIER

A ALFRED ARAGO (1)

Charles-Gustave Nadaud est né à Roubaix, le 20 février 1820.

La famille de ce nom est originaire du Limousin : « Nadaud, alias Nadault, Nadal, Natalis ou de Nadault » et, le premier nom de cette famille, dont il fait mention, est *Jehan Nadault*, docteur ès-lois, qui vivait noblement au xiiie siècle (vers 1296).

Voici du reste une note provenant de l'*Almanach administratif, historique et statistique de l'Yonne année 1836*, reproduite par le *Nobiliaire du Limou-*

---

(1) Ainsi qu'on le verra au cours de cette étude, M. *Ernest Chebroux* a bien voulu mettre à notre disposition de précieux documents, venant ainsi rehausser notre modeste travail, par l'intérêt du vrai et de l'inédit.

sin (1) : « La maison Nadault doit être considérée comme une famille de la plus vieille robe, si elle n'a pas joué un rôle important dans les affaires du pays, si elle n'a pas eu l'éclat que donne la faveur des rois et la fréquentation des cours, si son nom n'est pas sorti des provinces où elle eut ses principaux établissements, il y a cependant peu de maisons en France qui peuvent se vanter d'avoir porté leur nom si longtemps avec une dignité si modeste et si bien soutenue ; dès le XIIIe siècle, nous trouvions des titres qui font mention de cette famille ».

D'autre part, un procès-verbal de la Prestation de serment et de l'installation d'un Nadaud, procureur-général près la Cour de Grenoble, mentionne que : « La famille de Nadaud est une des plus anciennes du Limousin, et que depuis des siècles elle a eu l'avantage d'occuper avec distinction, à Limoges, les diverses charges municipales » (2).

Etant donné l'usage qui subsistait jusqu'au XVIIIe siècle, les *Nadaud* ont changé l'orthographe du nom, en quittant leur pays d'origine.

Par les femmes Nadaud serait allié aux Nadault de Buffon.

(1) Généalogie de la Maison Nadault de Buffon, par l'abbé Lecler. « Ex Libris, G. Nadaud ».
(2) Procès-verbal à Grenoble, année 1839, gr. in-8°.

Vers 1818, *Jean-Baptiste Nadaud* vint se fixer à Roubaix. Il y fonda une importante maison de tissus, devint Président de la Chambre du Commerce et mérita l'estime de ses concitoyens.

De son mariage avec Mlle Caroline Chauwin naquit le futur chansonnier dont nous publions l'extrait de naissance, que nous devons à l'obligeance de M. de Renty, juge de paix à Roubaix :

« L'an mil huit cent vingt, le vingt un février à quatre heures ..... minutes du soir, par devant Nous, Roussel-Grimonprez, adjoint délégué par le Maire pour remplir les fonctions d'Officier de l'Etat-Civil de la ville de Roubaix, chef-lieu de cantons, arrondissement de Lille, département du Nord, a comparu : Jean-Baptiste Nadaud, âgé de trente-quatre ans, négociant, domicilié à Roubaix, lequel nous a présenté un enfant du sexe masculin, né le 20 février à onze heures du matin, de lui déclarant et de Caroline-Joseph-Françoise Chauwin, son épouse, et auquel il a déclaré vouloir donner les prénoms de Charles-Gustave. Les dites déclaration et présentation faites en présence de François-Marie Vouzelle, âgé de trente-trois ans, négociant, et de Jean-Baptiste Florin, âgé de soixante-douze ans, boulanger, tous deux domiciliés à Roubaix. Le père et les témoins ont signé avec nous le présent acte de naissance après qu'il leur en a été fait lecture. (Suivent les signatures) ».

Pour expédition conforme aux registres délivrée suivant autorisation de M. le Juge de Paix des cantons Est et Ouest de Roubaix, en date du 18 avril 1909, et sur papier libre pour renseignements administratifs, à la Mairie de Roubaix, le vingt août mil neuf cent neuf.

Le Maire,

Vu par nous P. de Renty,
Juge de Paix des cantons Est et Ouest
de Roubaix, pour légalisation de la signature
de M. Leblanc, adjoint au Maire, apposée ci-dessus.

Roubaix, le 20 août 1909.

Quoique destiné au commerce par la future succession commerciale de son père, Nadaud reçut une excellente instruction.

Primaire et commerciale d'abord, à Roubaix, elle se termina au Collège Rollin de Paris, par des Etudes classiques.

Voici la liste des prix obtenus par le jeune rhétoricien pendant quatre années :

« Prix obtenus par l'Elève Gustave Nadaud au Collège Rollin :

« 1834. Premier prix de version grecque.

« 1835. 2ᵉ prix vers latins, 1ᵉʳ prix de semestre.

« 1836. 1ᵉʳ prix de version grecque, 1ᵉʳ prix vers latins.

« 1837. 1ᵉʳ prix version grecque, 1ᵉʳ prix de rhétorique, etc... »

Après ces années au collège Rollin, Gustave Nadaud retourna à Roubaix, avec son diplôme de Bachelier en poche, mais aussi, avec ses rimes dans la tête !

Son père l'employa à la comptabilité de sa maison, et voyait avec peine son fils s'adonner à la poésie !

En 1840, ses parents fondaient une succursale à Paris, Place des Victoires, et Gustave Nadaud, alors âgé de vingt ans, fut envoyé à cette maison, pour y tenir les livres de caisse.

Mais, moins surveillé, plus à lui-même, il déserta ceux-ci pour ceux de la chanson, et quelques gais refrains le firent connaître des étudiants du quartier latin (puis aussi des Reines de Mabille), en un mot, il fut jeune, et eut raison de l'être ; sa conduite néanmoins ne fut jamais répréhensible : « Beaucoup de personnes — écrit-il dans ses *Commentaires inédits*, — sont convaincues que j'ai habité, comme étudiant, le quartier latin ; Non ! j'étais né dans le commerce, et c'est pour le commerce que j'ai habité Paris Place des Victoires dès 1840. »

Plus loin, il dira qu'il a peu fréquenté les bals du temps, s'il a chanté l'Etudiant (mot qu'il croit avoir été le premier à employer), « c'est plutôt par ouï-dire que par une pratique personnelle ».

Il est donc attiré vers la Poésie, et surtout vers la chanson ; il aligne les chiffres de sa comptabilité par *devoir*, mais il aligne *des vers par amour* et met en musique ses chants ; Ch. Monselet dans un chapitre intitulé : « Un négociant qui a mal tourné » nous dit que : « Nadaud ne tarda pas à devenir apostat de la tenue des livres et déserteur des étoffes de Roubaix » (1).

A vingt-huit ans, il se décide, malgré les objurgations de sa famille, à abandonner les affaires, et publie son premier recueil de chansons.

Il a de fervents admirateurs parmi ses amis du quartier latin, lesquels vantent à leurs familles les talents du jeune chansonnier, et peu de temps après Nadaud fait son entrée dans les grands Salons Parisiens.

Le premier qui ouvrit ses portes à son talent naissant fut celui du poète *Jules Barbier*, ensuite ce fut celui d'*Emile Augier*. Ces deux célèbres auteurs honorèrent le poète de leur amitié, et, comme les amis des amis sont toujours les amis, grâce à celle qui unissait Emile Augier au peintre *Alfred Arago*, Gustave Nadaud eut un nouveau parrain, en cet artiste distingué.

Un an après, en 1848, Nadaud est lancé, il devient

(1) *Petits mémoires littéraires*, chap. XII.

le favori des salons intellectuels et artistiques ; sa réputation s'accroît, et *Pitre Chevalier* dans l'*Art dramatique* nous dira : « qu'il amusa l'atelier d'*Eugène Giraud* et que les amateurs le disputèrent aux artistes, les gens du monde aux littérateurs, et que les grands seigneurs tinrent aussi à le posséder », et c'est ainsi que nous voyons, après 1851, Gustave Nadaud devenir le boute-en-train des soirées de la Princesse Mathilde et de la Princesse Clotilde, cousines de l'Empereur Napoléon III.

Bien souvent, nous nous sommes entretenu avec le bon chansonnier, Ernest Chebroux, de la physionomie du Maître, et le portrait qu'il nous en fit correspond absolument à celui que M. Charaux en a fait dans une notice, et que reproduit M. Masquelier dans *Les Contemporains*. Voici, comme chansonnier, la description de G. Nadaud : « D'une figure distinguée où semblaient s'unir et se confondre la finesse gauloise, le calme du Nord et la gaîté française, Nadaud faisait entendre, en chantant ses vers, tout ce qu'il voulait, sans laisser échapper la plus subtile nuance de pensée ou de sentiment. »

« Une fois au piano — disent les « Etudes », il y allait de dix, de quinze, de vingt chansons à la file, il ne se lassait pas, et, comme de juste, personne ne s'ennuyait. C'était plaisir de l'entendre, plaisir de le voir jouir lui-même de son œuvre, avec une simplicité et une bonhomie charmante. Il n'avait qu'une voix médiocre, une voix d'amateur ; mais sans jamais se forcer, il exprimait, il jouait, il accentuait chaque sentiment : il s'attendrissait, il s'accompagnait en quelque sorte doublement en soulignant d'un trémolo, ou d'un demi-sourire, tel mot délicat ou fine malice. »

Pour compléter ce portrait de Gustave Nadaud, nous dirons que l'homme était distingué, aimable et bon. M. Pitre Chevalier dira, « qu'il a eu partout des amis, d'ennemis nulle part. Sa gracieuse popularité se mêle en souriant à toutes les gloires, sans porter ombrage à aucun amour-propre rival » (1).

Voilà donc la physionomie de G. Nadaud dépeinte par plusieurs personnalités, et tous ces portraits se ressemblent ; l'accord est parfait pour reconnaître sa modestie, sa bonne humeur et sa bonté.

Ces qualités, de l'esprit et du cœur, lui valurent les amitiés sincères et durables de ceux qui furent les premiers à saluer son talent.

Nous publierons plus loin une correspondance de Gustave Nadaud à son ami *Alfred Arago* ; les autographes du chansonnier nous montreront la fidélité et l'estime, ainsi que le dévouement, qu'il avait su inspirer à tous ces amis, par l'aménité de son caractère et la simplicité souriante de ses façons (2).

(1) *La Revue d'Art dramatique.*
(2) Cette correspondance est notre propriété.

Comme musicien, sa musique était simple, et tout le monde pouvait la chanter.

Il était donc, avant tout, un mélodiste inspiré, ce que souvent la science musicale moderne ne donne pas toujours aux fils d'Euterpe du xxe siècle !

Nadaud fut donc applaudi comme Poète, comme musicien et comme chanteur.

L'on peut classer les chansons de Nadaud en plusieurs genres, car il aborda, d'une façon heureuse, les sujets les plus divers, savoir :

Chansons humoristiques, *Chansons Mélancoliques* ou cantilènes, *Chansons joyeuses*, *Chansons à dire*, *à jouer*, etc... Il eut aussi, après la guerre, de beaux accents patriotiques et écrivit des chansons sociales (parfaitement *sociales*!) dans le bon sens du mot, quoiqu'on ait dit de lui parfois, qu'il fut *bourgeois* (ceux-là ne devaient le connaître qu'imparfaitement).

Le qualificatif, dont on abuse beaucoup trop, est, du reste, un non sens, car un *artiste* est-il jamais *bourgeois* ?... Nadaud fut un artiste, même légèrement bohême, par la vie toujours au dehors qu'il mena toute son existence.

Il n'a jamais eu l'appartement *confortable*, mais un nid d'oiseau toujours sur la branche. Soit rue de Verneuil, où il habita près de trente ans, se contentant de deux pièces, soit rue Blanche, rue Lafitte, et en dernier lieu, rue de Passy, 63.

Voilà l'intérieur du Bourgeois Nadaud ! Mais,

s'il suffit de gagner quelque peu d'argent et faire le bien autour de soi, pour être taxé de bourgeoisisme, bien ! Nadaud gagna de l'argent avec ses œuvres devenues très populaires. Si c'est aussi, parce que ce chansonnier n'eut point la tenue débraillée, ni la cravate La Vallière nouée négligemment autour du col, ni les cheveux hirsutes, qu'il fut qualifié de Bourgeois ; oh ! alors, c'est différent, — il fut bourgeois ! — mais, pour nous, Nadaud demeure un *artiste mondain*.

Il écrivit, disions-nous, tous les genres, mais c'est surtout dans la chanson aimable et spirituelle, sentimentale ou légèrement ironique (sans méchancetés), qu'il est plus intéressant de le connaître, car c'est dans ce genre qu'il eut ses plus grands succès et obtint sa popularité.

Lisez ou entendez les *Deux Notaires*, le *Docteur Grégoire*, *Bonhomme*, vous en apprécierez toute la valeur littéraire ; ces œuvres, du reste, sont classées comme des chefs-d'œuvre.

Devant l'accueil flatteur et enthousiaste des Salons Parisiens, envers Gustave Nadaud, l'éditeur Veuillot, et plus tard Heugel, s'assurèrent une grande partie des œuvres du Chansonnier. Ils passèrent avec lui un contrat avantageux, lui permettant d'envisager l'avenir avec confiance et sérénité.

Nadaud ne connut donc jamais les *panades* de Béranger, ni la vie *tourmentée* de Pierre Dupont, et il put se consacrer à loisir à ses poétiques travaux.

Nous allons donc faire passer successivement sous les yeux du lecteur, une chanson, dans chacun des genres qui valurent le succès au chansonnier ; et MM. les Editeurs de Nadaud ne nous en voudront pas, de reproduire quelques œuvres du Maître, que l'on ne connaît pas assez (1).

Nous nous appliquerons surtout à présenter les Poèmes délicats du Chansonnier, où il est le moins connu, et que l'on a toujours cependant plaisir à lire ou entendre, car si l'on chante moins de nos jours, la poésie toutefois n'est point encore bannie des réunions artistiques et littéraires.

Nous citerons tout d'abord :

La bouche et l'oreille, de la série des *Chansons à dire*, au nombre de vingt-quatre :

---

(1) Les éditeurs Tresse et Stock, de Paris, ont édité, en 1891, un premier vol. de *Chansons à dire*. En 1895, un deuxième vol. *Nouvelles chansons à dire et à chanter*. Ces deux volumes contiennent toutes les œuvres de G. Nadaud.

LA BOUCHE ET L'OREILLE

La bouche disait à l'oreille :
« Tout vous caresse et vous sourit
Vous êtes l'aurore vermeille. »
    Et l'oreille s'ouvrit.

La bouche disait à l'oreille :
« Et patati et patata,
Vous n'avez pas de pareille. »
    Et l'oreille écouta.

La bouche disait à l'oreille :
« Tout l'univers vous applaudit
Comme la huitième merveille. »
    Et l'oreille entendit.

La bouche disait à l'oreille :
« Pour vous le charme de l'esprit
Est le miel choisi de l'abeille. »
    Et l'oreille comprit.

La bouche disait à l'oreille :
« J'ai guidé Socrate et Numa,
Voulez-vous que je vous conseille ? »
    L'oreille se ferma.

Dans ce genre, tout spécial, de l'apologue où le

talent consiste à faire passer délicatement, dans les derniers vers, une morale, un précepte, pour résumer un tout, voyez comme Nadaud y arrive sans heurt et dans une forme élégante !

Il égale ici les fabulistes Lachambaudie, Florian, et se rapproche de La Fontaine, qui eut avant lui Esope, ne l'oublions pas !

Le Poète se révèle un judicieux observateur. Dans les *Petits Poèmes Amoureux*, nous détachons de cette série, au nombre de vingt-quatre, le : *Retour de Voyage*.

RETOUR DE VOYAGE

L'oiseau qui jadis s'envola
Est enfin rentré dans sa cage.
    Le voici, te voilà !
Raconte-moi ton long voyage.

Ne te livre pas à demi :
Fais-moi toutes tes confidences.
Ta femme devient ton ami ;
Dis-lui tes plaisirs, tes souffrances,
Et, s'il en fut, tes défaillances...

Ou plutôt, non, ne me dis rien.
Écoute : c'est moi qui raconte
Ce que tu fis : par ce moyen,
Je ne mettrai pas à ton compte
Ce qui pourrait te faire honte.

> Car tu n'as pas été sans voir
> Ces beautés vives ou légères,
> Ces Romaines au grand œil noir,
> Ou ces sirènes étrangères,
> Astres errants, fleurs passagères.
>
> Mais tu ne pouvais oublier
> Que d'autres, moins belles peut-être,
> Restaient assises au foyer,
> Les yeux tournés vers la fenêtre ;
> La maison attendait son maître.
>
> N'est-il pas vrai ? J'ai bien compris
> Que tu n'as pas souillé ton âme,
> Que rien n'est beau comme Paris,
> Qu'il n'est pas d'amour ni de flamme
> Qui vaille le cœur de ta femme.
>
> L'oiseau qui jadis s'envola
> Est enfin rentré dans sa cage.
>   Le voici, te voilà !
> Ne me dis rien de ton voyage

Après avoir lu cette poétique pensée de l'auteur, dites-nous si vous n'êtes pas impressionné par le sentiment exquis et vécu qui se dégage du poème ?

C'est bien l'état d'âme de la vraie compagne du foyer, qui est amante et femme à la fois, souvent inquiète *du lendemain*, tourmentée pendant l'absence, mais toujours dévouée, toujours indulgente au retour : « car la mission de la femme est de soulager et de souffrir ».

Dans les *Récits touchants*, au nombre de vingt et un, nous choisissons, parmi ces petits joyaux, où le sentiment et la bonté se mêlent aux qualités de l'homme sensible : *Le Nid Abandonné*.

LE NID ABANDONNÉ

Dans un jardin du voisinage
Deux merles avaient fait leur nid ;
Trois œufs furent le témoignage
Du doux serment qui les unit.

Je les ai vus sous ma fenêtre,
De la pointe à la fin du jour,
Couver, trois semaines peut-être,
L'espoir tardif de leur amour.

Les petits ont vu la lumière ;
J'entends leurs cris ; il faut nourrir
Cette jeunesse printanière
Qu'on craint toujours de voir mourir.

Que de soucis et que de joie !
On ne peut rester endormi :
Sans cesse il faut guetter la proie ;
Il faut éviter l'ennemi.

O vertu, tendresse immuable,
O soins constants, travaux passés,
Par quel amour insatiable
Serez-vous donc récompensés ?

Ce matin, des cris de détresse
Dans le jardin ont résonné :
Les merles voletaient sans cesse
Autour du nid abandonné.

Sans doute, un épervier rapide,
Une couleuvre aux yeux perçants,
Ou des enfants, troupe perfide,
Auront surpris les innocents?

Non, dès qu'ils ont senti leurs ailes,
Les ingrats ont fui pour toujours,
Avides d'amitiés nouvelles,
Oublieux des vieilles amours.

Ils vont étaler leur plumage,
Voler et chanter dans le ciel,
Sans entendre le cri de rage
Qui sort du buisson paternel.

A quelles cruelles épreuves
Seront soumis les fils ingrats !
L'affection, comme les fleuves,
Descend et ne remonte pas.

> Allez, enfants, douces chimères,
> Rêves menteurs qui nous charmez,
> Vous n'aimerez jamais vos mères
> Autant qu'elles vous ont aimés.

Remarquez ici, comme tout s'enchaîne heureusement et gracieusement, peu à peu l'émotion se fait plus intense et arrive attendrissante dans les derniers quatrains.

> « L'affection, comme les fleuves,
> « Descend et ne remonte pas ! »

Quelle maxime profonde en ces deux vers !

Nous avons souvent entendu dire ce poème, et toujours il a émotionné jusqu'aux larmes le cœur des mères... cependant qu'une mélancolie passait sur le front des pères !

C'est dans ce genre, que Nadaud n'est pas suffisamment connu, car il écrivit ces poésies, après la guerre ; dans le même ordre, il faut lire :

Grand-père, vous n'êtes pas vieux, rien de plus exquis, et ce poème doit figurer dans les poésies classiques des écoles du gouvernement.

Nous poursuivons notre étude, dans le jardin des rêves du Chansonnier-Poète et allons nous arrêter un instant à ses *Chansons humoristiques*.

Cette série se compose de 18 chants.

Nous allons nous rencontrer ici avec l'esprit, la

finesse d'expression et l'à-propos, qui caractérisent Nadaud.

Nous détachons de cette gerbe : *Le Secret du bonheur.*

LE SECRET DU BONHEUR

Je sais un excellent moyen
De vivre heureux et de bien vivre :
Il est aisé, ne coûte rien ;
Au même prix je vous le livre.

Suivez-moi dans cette maison
Adossée au petit village ;
Elle a le vert pour horizon,
Et pour vêtement un treillage.

C'est la villa d'Académus
Ou le cottage de Socrate ;
On y chante des orémus
Où la verve gauloise éclate.

On y vit dans l'air et dans l'eau ;
Ce n'est pas là que l'on s'ennuie ;
On joue aux boules, quand il fait beau ;
Le whist est pour les jours de pluie.

On poursuit un docte entretien
Dans le salon, sous la tonnelle ;
On y relit le livre ancien
Auprès de la page nouvelle.

> Gaîment, bruyamment, poliment,
> On cause, on raisonne, on discute.
> Chacun défend son sentiment
> Sans que jamais on se dispute.
>
> — Mais votre ami, me direz-vous,
> A donc un secret ? — Sans nul doute,
> Tenez, je vous le donne à tous,
> Puisqu'on sait le prix qu'il me coûte.
>
> Dans la chaumière ou le château,
> A la campagne ou dans la ville,
> Apposez un simple écriteau
> Au seuil de votre domicile.
>
> Il suffit qu'on lise à propos,
> Et surtout qu'on mette en pratique,
> L'avis conçu dans ces cinq mots :
> ON NE PARLE PAS POLITIQUE.

Et comme il a raison, le bon Nadaud, de rechercher d'abord, pour le bonheur, l'humble village, loin des ambitions et des fumées de la ville, loin de la vie âpre, et des promesses fallacieuses des cités, ce coin paisible où l'on *peut vivre* !

Croyons-en le chansonnier, dont l'esprit est avisé : vivons loin du bruit, et suivons sagement l'avis qu'il nous donne.

Viennent ensuite *Les Chansons à jouer*, au nombre de vingt.

Dans cette série nous choisissons *Carcassonne*. Cette chanson fut un des grands succès de G. Nadaud. Un excellent et vieil ami de ma famille, le *commandant Eugène Dubois* (qui disait aussi, et avec talent, le monologue), m'a lui-même raconté combien le chansonnier-poète jouait et disait à ravir cette chanson (1).

Nous avons sous les yeux la brillante conférence que fit sur Nadaud l'érudit et distingué normalien, M. *Léo Claretie*, lequel donna lecture, en cette classique matinée, d'une lettre du délicat poète, *Eugène Manuel*, où il est justement question de cette œuvre de Nadaud :

« C'était cette chanson — écrivait M. Manuel — qu'on lui redemandait toujours et qu'il disait incomparablement : Il mettait dans son histoire tous les regrets de la vie, tous les désirs non satisfaits ! toute la philosophie mélancolique des mécomptes ! *Il n'a jamais vu Carcassonne !* est devenu proverbe, car chacun a son Carcassonne fuyant et insaisissable » (2).

---

(1) Le commandant E. Dubois fut Vice-Président de la Société historique d'Auteuil et de Passy où il s'était retiré.

(2) Conférence sur G. Nadaud, par Léo Claretie, voir le supplément au *Bulletin de la Société Historique, Archéologique d'Auteuil et de Passy*, de décembre 1894.

CARCASSONNE

Je me fais vieux, j'ai soixante ans,
J'ai travaillé toute ma vie,
Sans avoir, durant tout ce temps,
Pu satisfaire mon envie.
Je vois bien qu'il n'est ici-bas
De bonheur complet pour personne,
Mon vœu ne s'accomplira pas :
Je n'ai jamais vu Carcassonne !

On voit la ville de là-haut,
Derrière les montagnes bleues ;
Mais, pour y parvenir, il faut,
Il faut faire cinq grandes lieues ;
En faire autant pour revenir !
Oh ! si la vendange était bonne !
Le raisin ne veut pas jaunir :
Je ne verrai pas Carcassonne !

On dit qu'on y voit tous les jours,
Ni plus, ni moins que les dimanches,
Des gens s'en aller sur le cours,
En habits neufs, en robes blanches.
On dit qu'on y voit des châteaux
Grands comme ceux de Babylone,
Un évêque et deux généraux !
Je ne connais pas Carcassonne !

Le vicaire a cent fois raison :
C'est des imprudents que nous sommes.
Il disait dans une oraison
Que l'ambition perd les hommes.
Si je pouvais trouver, pourtant,
Deux jours sur la fin de l'automne...
Mon Dieu ! que je mourrais content,
Après avoir vu Carcassonne !

Mon Dieu ! mon Dieu ! pardonnez-moi
Si ma prière vous offense ;
On voit toujours plus haut que soi
En vieillesse comme en enfance.
Ma femme, avec mon fils Aignan,
A voyagé jusqu'à Narbonne,
Mon filleul a vu Perpignan
Et je n'ai pas vu Carcassonne !

Ainsi chantait près de Limoux,
Un paysan courbé par l'âge.
Je lui dis : « Ami, levez-vous,
Nous allons faire le voyage. »
Nous partîmes le lendemain,
Mais (que le bon Dieu lui pardonne !)
Il mourut à moitié chemin :
Il n'a jamais vu Carcassonne !

Oui, chimères ! nos rêves, et parfois, insaisissable l'idéal poursuivi, « mais si vous retirez à l'homme ses chimères, *que lui restera-t-il ?* a dit Fontenelle ».

Et combien sont douces les folies chimériques des Poètes, des Artistes et même des Savants : s'ils n'atteignent jamais « Carcassonne »... ils en rêvent toujours délicieusement !... et, cet état d'esprit vaut bien, selon nous, celui de certains jeunes modernistes, qui ont arrêté les battements de leur cœur à tout sentiment idéal, pour se faire une existence et une religion, dans le matérialisme et l'égoïsme !

Du reste, dans une époque de transition de *vitesse* perpétuelle, la pensée n'est que fugitive et le *passé* n'existe plus ! Bientôt, hélas, à moins d'un événement qui nous fera nous retrouver tous, soit dans un élan patriotique, pour le salut de la France ou pour l'apothéose de l'*Union fraternelle,* glorifiant la grande et sublime idée *pacifique et humanitaire,* dont la science est le flambeau devant illuminer la raison des peuples, bientôt, disons-nous, le scepticisme aura remplacé « Carcassonne » dans le cœur des générations futures !... Mais, revenons au bon soleil de la gaîté, ainsi qu'au bon esprit de Nadaud.

Les Chansons joyeuses terminent les *Chansons à dire,* et sont au nombre de *Neuf ;* c'est peu, mais dans le volume édité par *Tresse et Stock en 1891,* l'on rencontre aussi des *Chansons joyeuses,* parmi lesquelles, notamment, *Les Deux Gendarmes,* que nous donnerons dans le prochain chapitre, à seule fin de la faire suivre d'anecdotes s'y rattachant.

Nous avons fait choix. dans cette dernière série, de l'*Epingle sur la manche.*

L'ÉPINGLE SUR LA MANCHE

Le roi se déshabillait
Avec Éloi, son valet.
En tirant la manche auguste,
Éloi se piqua. « C'est juste,
    S'écria le roi,
    C'est ma faute, Éloi,
Car j'ai mis hier dimanche,
    Je ne sais pourquoi,
Une épingle sur ma manche. » —

« Sire, Votre Majesté
A sans doute ainsi noté,
Pour en garder la mémoire,
Quelque projet méritoire?
    Oui, sans doute, Eloi,
    Répondit le roi;
A te croire, ami, je penche;
Mais pourquoi, pourquoi
Cette épingle sur ma manche? » —

Sire, Votre Majesté
Avait-elle projeté
De renvoyer comme un cuistre
Son premier et seul ministre?

— Non, mon bon Éloi,
　　Répondit le roi :
Laissons l'oiseau sur la branche ;
　　Mais pourquoi, pourquoi
Cette épingle sur ma manche ? » —

« Sire, Votre Majesté
Aurait-elle décrété
De doubler mes honoraires
Aux dépens de mes confrères ?
　　— Non, mon brave Éloi,
　　Répondit le roi :
Ta demande est assez franche ;
　　Mais pourquoi, pourquoi
Cette épingle sur ma manche ? » —

« Sire, Votre Majesté
Veut-elle faire un traité
Avec le roi de Navarre ?
La guerre est un jeu barbare.
　　— Non, mon sage Éloi,
　　Répondit le roi,
J'ai besoin d'une revanche ;
　　Mais pourquoi, pourquoi
Cette épingle sur ma manche ? » —

« Sire, Votre Majesté
Aurait-elle contracté
Quelque emprunt ou quelque dette
Dont le paiement l'inquiète ?

> — Non, prudent Éloi,
> Répondit le roi ;
> Ce qu'on doit, on le retranche ;
> Mais pourquoi, pourquoi
> Cette épingle sur ma manche ? » —

> « Sire, Votre Majesté
> Songeait-elle à sa santé ?
> Elle aurait besoin peut-être
> D'un médecin ou d'un prêtre ?
> — Non, monsieur Éloi,
> Répondit le roi ;
> Je suis ferme sur la hanche ;
> Mais pourquoi, pourquoi
> Cette épingle sur ma manche ? » —

> « Alors, Votre Majesté
> Songeait à l'hérédité
> De son trône de Castille ?
> Elle n'a ni fils ni fille.
> — Oui, mon cher Éloi,
> S'écria le roi ;
> Va chercher la reine Blanche ! »
> Et voilà pourquoi
> L'épingle était sur sa manche.

Ce monologue obtint un très vif succès dans les salons et au théâtre.

Les frères Lionnet Saint-Germain, Coquelin aîné et Coquelin cadet, ainsi que d'autres artistes renommés, se firent applaudir chaleureusement dans cette joyeuseté.

Peu après MM. Villemer et Delormel lancèrent au concert *Le nœud à mon mouchoir*, dont le fond, l'idée, sont absolument l'*Epingle sur la manche*; c'est, en un mot, un pastiche, lequel fait ressortir tout le succès que rencontra G. Nadaud en composant cette amusante pièce, dont furent jaloux bien des auteurs, car après Villemer et Delormel l'on continue de... pasticher! soit l'*Epingle* ou *Le nœud au mouchoir* et le bon chansonnier, Ernest Chebroux a collectionné ces œuvres nouvelles, avec intérêt et philosophie !

La chanson de *Pandore* ou *Les deux Gendarmes* fut l'œuvre populaire par excellence de G. Nadaud.

Il était inimitable dans son interprétation ; pour le Brigadier, il prenait l'accent méridional et pour Pandore, celui alsacien. Aussi, était-ce le rire à gorge déployée, quand il arrivait au *vague son...* qu'une note basse soulignait au piano, pendant que Pandore reprenait, indécis et somnolent, son éternel refrain :

Brigadier, vous avez raison !

Nous publions cette chanson, qui fut célèbre par bien des points, on le verra :

DEUX GENDARMES

Deux gendarmes, un beau dimanche,
Chevauchaient le long d'un sentier ;
L'un portait la sardine blanche,
L'autre le jaune baudrier.
Le premier dit d'un ton sonore :
« Le temps est beau pour la saison :
— Brigadier, répondit Pandore,
Brigadier, vous avez raison ! »

. . . .

« Ah ! c'est un métier difficile :
Garantir la propriété,
Défendre les champs et la ville
Du vol et de l'iniquité ?
Pourtant, l'épouse qui m'adore
Repose seule à la maison.
— Brigadier, répondit Pandore,
Brigadier, vous avez raison. »

. . . .

Phébus, au bout de sa carrière,
Put encor les apercevoir ;
Le brigadier, de sa voix fière,
Troubla le silence du soir.
« Vois, dit-il, le soleil qui dore
Les nuages à l'horizon.
— Brigadier, répondit Pandore,
Brigadier, vous avez raison. »

Puis, ils rêvèrent en silence ;
On n'entendit plus que le pas
Des chevaux marchant en cadence ;
Le brigadier ne parlait pas.
Mais, quand revint la pâle aurore,
On entendit un vague son :
« Brigadier, répondait Pandore,
Brigadier, vous avez raison. »

Au sujet des *Deux Gendarmes*, nous reproduisons une aventure qui advint à l'auteur, lors d'un voyage qu'il fit à *Mâcon*, où siégeait à la Préfecture de cette ville un ami des lettres et un homme d'esprit, tout à la fois.

L'anecdote est extraite du *Carillon Lyonnais*, racontée par Nadaud.

Le préfet avait invité Nadaud, son intime. Mais celui-ci, pressé de se rendre ailleurs, comptait brûler Mâcon, sans y séjourner. Il descend, sous un nom d'emprunt, dans un hôtel, espérant déjouer par cette ruse innocente la sagacité des inspecteurs de police. Nadaud s'était trompé ; il était reconnu et dénoncé à M. le Préfet de Saône-et-Loire.

Huit heures sonnaient au beffroi de sa pendule et Nadaud s'apprêtait à se glisser mollement entre les draps humides de son lit d'hôtel, quand un bruit de bottes retentit dans le couloir. On frappe à sa porte. — Qui est là ? — Ouvrez ! — A qui ?

— Ouvrrrez, que je dis ! — Mais à qui, diable ?
— A la force publique ! — Que me veut-elle la force publique ? — Vous le saurrrez quand je vous l'aurrrai dit !

Nadaud, intrigué, se décide à ouvrir son huis.

Paraît alors un superbe Pandore :

— Vous êtes bien le dénommé Durrrand ?

— Non... c'est-à-dire... oui, si vous le voulez ! C'est le nom que j'ai inscrit sur le registre de l'hôtel.

— Vos papiers ?

— Ah ! fichtre ! je n'en ai pas.

— C'est bon ! suivez-moi !

— Mais... Où ?...

— Vous le verrez. J'ai l'ordre de vous arrêter.

— Elle est forte, celle-là ! Vous avez l'ordre d'arrêter le nommé Durand, et c'est moi qui suis coffré ?

— Parfaitement ! Allons, du leste ! Vous vous expliquerez chez le commissaire.

— Brigadier, vous avez raison ! murmure, en chantonnant, le pauvre Nadaud, qui n'a plus qu'un espoir, c'est de se voir relâché par le commissaire.

On quitte l'hôtel sous les regards furieux de toute la valetaille qui voyait déjà la tête de l'assassin rouler au pied de l'échafaud. Car Nadaud-Durand était pour le moins un assassin, un parricide peut-être.

On traversa, dans la nuit noire, des rues tortueuses et plus noires encore.

— Est-ce loin ? interroge Nadaud.

— Vous le verrez !

— Brigadier, vous avez raison !

— Pourquoi que vous m'appelez toujours *brigadier* ? Je suis seulement gendarme.

— Oh ! c'est une façon de parler à moi.

— Comme vous voudrez !

— Brigadier, vous avez raison, fredonne encore le faux Durand.

— Assez ! pas de rouspétance !

Enfin, gendarme et accusé arrivent devant un vaste bâtiment, où quelques fenêtres percent la nuit de clartés fulgurantes.

On monte quelques marches. On frappe à une porte et... le gendarme introduit Nadaud-Durand dans un salon où le rire éclate de toute part. Stupéfaction de Nadaud...

— Ah ! s'écrie, en riant, le préfet, je vous y prends, monsieur Durand, une autre fois, méfiez-vous de ma police !

Car, c'était bien chez le préfet que Nadaud avait été conduit par Pandore, chez le préfet qui recevait quelques amis et s'était fait amener par la force le poète-chansonnier récalcitrant.

Chacun riait, Pandore lui-même, qui resta consciencieusement derrière la porte, pour jouir de la surprise de son prisonnier.

Quand, bientôt, il entendit Nadaud attaquant ce couplet connu :

> Ah ! c'est un métier difficile,
> Garantir la propriété,
> Défendre les champs et la ville
> Du vol et de l'iniquité.
> Pourtant l'épouse qui m'adore,
> Repose seule à la maison.
> — Brigadier, répondit Pandore,
> Brigadier, vous avez raison !

L'anecdote est vraie, elle fut contée par Nadaud à Boudouresque et Chebroux, ainsi qu'au directeur du *Carillon Lyonnais*.

L'on est tout surpris de nos jours, de savoir que cette chanson fut frappée de censure, alors que dans note siècle, des chansons antimilitaristes sont interprétées au Café-Concert.

Gustave Nadaud, on le sait, était devenu le familier des soirées de la Princesse Mathilde et le chansonnier des salons mondains (1).

L'anecdote suivante, absolument fausse, démentie, du reste, par Ernest Chebroux, n'en est pas moins d'une amusante fantaisie ; elle concerne la chanson des *Deux Gendarmes*. Racontée par la

---

(1) La Princesse Mathilde avait un salon littéraire, où étaient conviés tous les beaux esprits, toutes les notabilités de son temps.

Revue Mondiale, elle fut reproduite par *l'Intermédiaire des Chercheurs et Curieux*. Voici l'anecdote :

Dans une soirée chez la Princesse Mathilde, Nadaud fut invité par l'Empereur à chanter les *Deux Gendarmes*, sans oublier le *dernier couplet*.

« Nous verrons quel était ce *dernier couplet* ! »

— Ah ! protesta Nadaud, maudit couplet... il est bien mauvais, une boutade, un vers de fantaisie !...

— Nous verrons, nous verrons...

Et Nadaud chanta :

> J'ai toujours servi sans réplique,
> Depuis le grand Napoléon,
> Louis-Philippe et la République,
> Et le nouveau Napoléon.
> Celui-là, je me remémore,
> Je l'avais fourré z'en prison...
> — Brigadier, répondit Pandore,
> Brigadier, vous avez raison.

Les personnes groupées autour de l'Empereur et de l'Impératrice ne surent si elles devaient rire.

Nadaud était rouge et la sueur perlait à son front, lorsque Napoléon, s'approchant de lui et la main tendue, lui dit :

« Vous avez glorifié en ce couplet, monsieur Nadaud, la première qualité du soldat français, qui est l'obéissance passive et le respect de la discipline. Souffrez que je vous en remercie et que je vous exprime ma reconnaissance, en attachant moi-même à votre boutonnière un bout de ruban ; je vous fais chevalier de la Légion d'honneur ! »

Nadaud sourit et remercia.

Quelque intime osa :

Le « maudit couplet » était le meilleur.

Sire, vous avez eu raison !

C'est égal, ce que Nadaud était rouge !...

Cette histoire nous l'avons soumise à la censure de l'exécuteur testamentaire de Nadaud, M. Ernest Chebroux ; il nous a répondu dans les termes suivants :

« On a prêté bien d'autres histoires au célèbre chansonnier (il est vrai qu'on ne prête qu'aux riches), celle-ci, par exemple. Napoléon III avait invité Nadaud au château de Compiègne et aurait dit à son chambellan devant le poète :

« — Je désire que M. Nadaud soit au château comme chez lui.

« A quoi le chansonnier, qui habitait en ce temps-là une modeste chambre à Paris, aurait répondu ironiquement à l'Empereur :

« — Sire, j'espérais mieux.

« Légende ! Jamais Nadaud qui était orléaniste (et ne s'en cachait pas) et qui redoutait par-dessus tout de passer pour un courtisan, ne mit le pied ni à Compiègne, ni aux Tuileries, ni dans aucune autre résidence de César.

« Une seule fois, il se rencontra chez la princesse Mathilde avec l'Empereur et l'Impératrice. Napoléon, qui ne manquait ni d'esprit, ni d'à-propos, demanda, il est vrai, au gai frondeur de la gendarmerie, de lui chanter *Pandore*. Nadaud s'excusa, disant que cette chanson était interdite et que, d'ailleurs, il l'avait oubliée. Napoléon insista, aidé de la princesse Mathilde qui goûtait fort l'esprit du chansonnier. Nadaud céda : il chanta *Pandore* à la grande joie des assistants.

« L'Empereur fut le premier à en rire : il tendit la main au malin chansonnier et, naturellement, le lendemain l'interdit fut levé. Quant au couplet :

> J'ai même, il m'en souvient encore,
> Conduit Bonaparte en prison,

légende ! »

Tout ceci est une légende ! et ce couplet était du chansonnier *Bastide* et non de Nadaud.

M. Georges Boyer, dans le *Figaro*, a relevé ce point d'histoire.

Voici dans quelle circonstance Nadaud fut présenté à l'Empereur et chanta *devant lui* la fameuse chanson. Il est bon de faire savoir ici, que le Chansonnier n'écrivit pas que des Chansons ; il composa plusieurs pièces de Théâtre, dont le *Le Dr Vieux temps*.

C'était un petit opéra de Salon. M. *Pitre Chevalier*, dans *l'Art dramatique*, nous contera cette soirée :

« La Princesse Mathilde, qui prisait fort le talent de Nadaud, lui fit une surprise royale.

« Elle réclama sa pièce (*Le Dr Vieux temps*) et les interprètes de Nadaud, pour un petit comité, et ce petit comité se composa de l'Empereur, de la Cour, des ministres, de toutes les grandeurs et beautés du jour. Nadaud gagna cette bataille d'Austerlitz, avec l'arme qui était son infaillible talent, avec sa simplicité charmante et son inaltérable modestie. *C'est là que Pandore triompha* de l'impassibilité napoléonienne — et qu'un général s'écria en l'applaudissant : « — Pourquoi interdire cette chanson dans les concerts ? Moi, je la mettrais à l'ordre du jour de l'armée, comme haute leçon d'obéissance morale. »

« L'Empereur serra la main de l'auteur, et le lendemain l'interdit était levé. »

Nous arrivons aux lettres de Gustave Nadaud à son ami *Alfred Arago*.

Les deux premières sont relatives à la nomination du chansonnier dans l'ordre de la Légion d'honneur.

On sait que Nadaud fut nommé chevalier le 13 août 1861, mais avant de prendre connaissance de cette correspondance, nous croyons utile de faire connaître celui auquel ses lettres sont adressécs. Nous donnons quelques lignes biographiques sur M. Alfred Arago, dont la famille et le grand nom appartiennent à la littérature, l'histoire, les sciences et les Beaux-Arts Français, qu'ils honorèrent :

« *Arago* (Louis-Alfred-François), second fils de François Arago, frère du grand astronome, est né le 20 juin 1816 à Perpignan. A cultivé la peinture, qu'il a étudiée sous *Paul Delaroche*, et a fait de 1841 à 1852 divers envois aux salons, notamment : *Charles-Quint au couvent de Saint-Just, La Récréation de Louis XI*, qui lui a valu une troisième médaille en 1846 ; l'*Aveugle*, souvenir d'un voyage en Italie, *Abraham*, etc., en 1852, il fut attaché comme inspecteur général des Beaux-Arts au Ministère d'Etat, et il a fait parti du comité d'organisation, ainsi que du jury de la première Exposition Universelle de 1855. Décoré de la Légion d'honneur en 1854, il a été promu officier le 1er janvier 1870 ; Alfred Arago mourut à Paris en 1892, un an avant Gustave Nadaud ».

Première lettre de G. Nadaud à Alfred Arago.

« Mon cher Alfred,

« J'étais hier à dîner chez le juge de Paix du
« canton quand ta lettre m'est parvenue. J'avais
« reçu la veille un mot de Doucet qui me disait que

« c'était signé ; mais l'adresse de ta lettre a été la
« première notification quasi-officielle. Tu sais que
« je suis devenu méfiant.

« J'écris aujourd'hui à la princesse Mathilde. Elle
« seule, je crois, a pu vaincre des répugnances aussi
« obstinées et aussi prolongées.

« Je vais maintenant rêver pendant sept ans que
« je ne l'ai pas.

« Adieu et merci, mon brave ami, tes deux
« lignes m'ont fait du bien, et je suis heureux de
« recevoir de toi une bonne nouvelle ».

« A toi de tout cœur.

« G. Nadaud. »

(Ville illisible), 16 août 1861.

Deuxième lettre de Gustave Nadaud au même.

« Mon cher Alfred,

« J'ai le plus vif désir de recevoir ici la petite
« croix de la Princesse. Tâche de trouver un moyen
« de me l'adresser par la poste (non pas dans une
« lettre).

« Je suis anéanti. Hier dimanche, j'ai écrit 21
« lettres. Je recommence ce matin.

« Je reçois de beaucoup de côtés, même de per-
« sonnes qui me sont complètement inconnues, des

« témoignages de sympathies qui me touchent vé-
« ritablement.

« Un merci à Augier quand tu le verras pour son
« apostille et à toi de tout cœur.

« G. NADAUD. »

Lundi, 6 heures du matin ! ! ! ! !
   19 août 1861.

Ces deux lettres sont fort intéressantes, car elles nous apprennent que Nadaud attendait depuis longtemps cette croix. « Il était devenu méfiant, et allait rêver, pendant sept ans, qu'il ne l'avait pas ! »

La Princesse Mathilde — dit-il — seule a pu vaincre des répugnances aussi obstinées et aussi *prolongées*.

Ces difficultés n'étaient pas surprenantes, Nadaud n'ayant jamais caché ses opinions d'*orléaniste*; or, Napoléon III avait conspiré contre Louis-Philippe, pour obtenir le pouvoir absolu !

Enfin, nous voyons heureux, le bon chansonnier, de cette petite croix, que la princesse Mathilde tint à lui offrir, et non seulement il a les félicitations de ses amis, mais aussi celles d'admirateurs inconnus de lui ; l'appui de la cousine de l'Empereur, l'apostille d'amis, tels que Doucet, qui était, à cette époque, Ministre de l'Instruction publique, celles d'Alfred Arago, d'Emile Augier, triom-

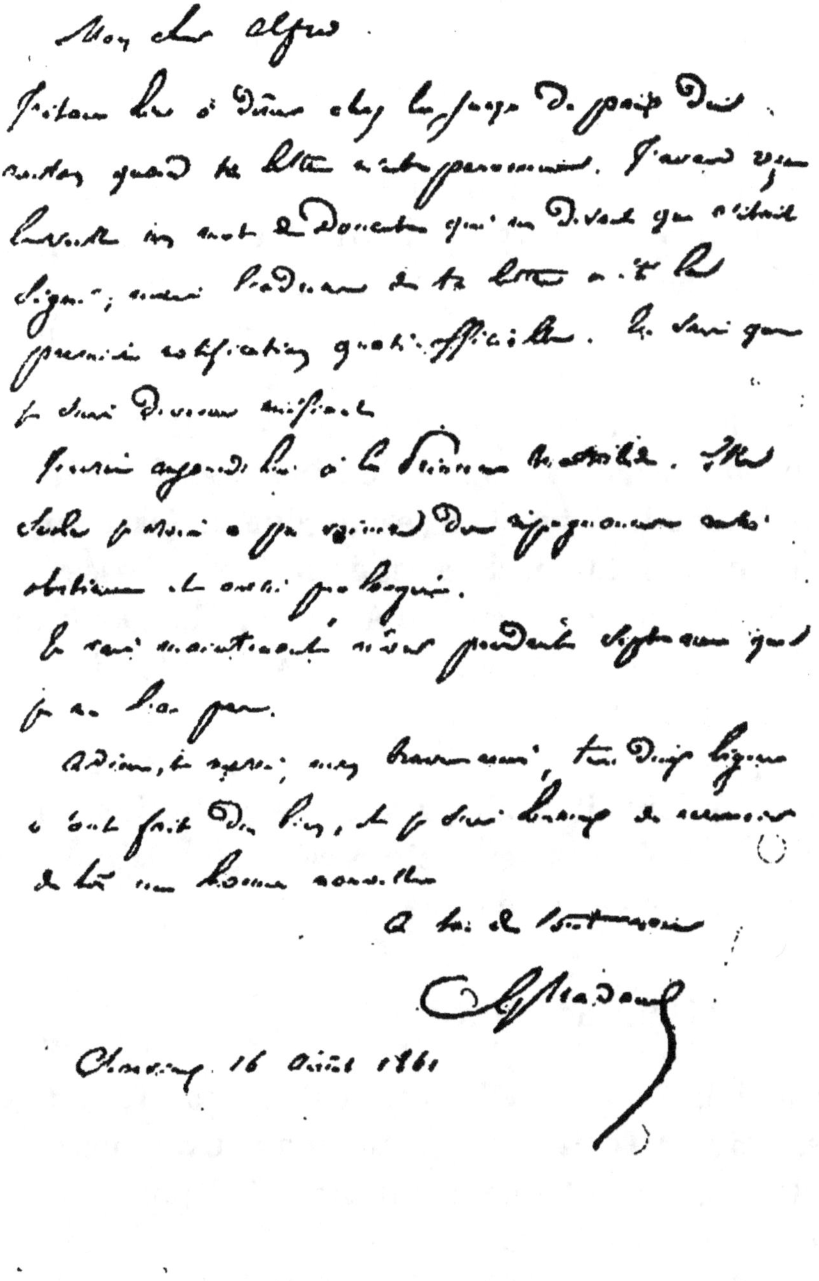

Mon cher Alfred.

J'étais hier à dîner chez le juge de paix [illegible] quand ta lettre m'est parvenue. J'avais reçu la veille un mot de Doucet qui me disait que c'était signé ; mais l'arrivée de ta lettre a été la première notification quasi-officielle. Je suis donc [illegible]

J'écris aujourd'hui à la Princesse Mathilde. [illegible]

Je suis maintenant [illegible] pendant quelques jours [illegible]

Adieu, et merci ; mon cher ami, tes deux lignes m'ont fait du bien, et je suis heureux de recevoir de toi une bonne nouvelle.

A toi de tout mon cœur

G. Nadaud

[illegible] 16 août 1861

phèrent des griefs que l'on avait contre l'auteur des *Deux Gendarmes* et du *Vieux Mendiant*, que l'*administration supérieure* jugeait comme contenant des : « allusions subversives et entachées de crime de lèse-majesté ! »

Ainsi, Nadaud, à quarante et un ans, recueillait la croix de *Désaugiers* ! qu'il attendait depuis sept ans. L'on ne peut que regretter que son ami Ernest Chébroux n'ait pas obtenu cette distinction à laquelle il avait droit à plus d'un titre.

Les deux lettres suivantes nous montrent le chansonnier dans les affres de l'angoisse. La mère de G. Nadaud, très malade, est perdue, et c'est à son vieil ami qu'il fait part de ses douloureux pressentiments, c'est aux cœurs d'Arago et de Doucet qu'il demandera l'appui moral, dans cette séparation suprême et éternelle.

Cinq mois après sa plus grande joie, le chansonnier éprouvait sa plus grande peine — ainsi va la vie ! — Voici ces deux lettres relatives à la mort de la mère de Gustave Nadaud.

« Mon cher Alfred,

« Je dois à notre vieille amitié de ne pas te lais-
« ser ignorer l'état alarmant de ma pauvre mère.
« Elle a eu une attaque avant-hier et depuis près
« de 48 heures elle n'a pas un seul instant repris
« connaissance. Je ne garde aucun espoir.

« Sois assez bon de prévenir Doucet, et lorsque
« tu verras la Princesse (tu auras alors, je le crains,
« une nouvelle plus douloureuse encore à lui an-
« noncer) dis-lui toutes mes douleurs.

« A toi.

« G. Nadaud ».

24 décembre 1861.

« Mon cher Alfred,

« Ma pauvre mère a rendu le dernier soupir hier
« à 8 heures du soir. La triste cérémonie a lieu
« après-demain samedi, 28 décembre, à la ville au
« bois, porte Maillot, Neuilly, à 11 heures *très pré-
« cises*. Je n'envoie pas de lettres de faire-part,
« j'écris seulement à une dizaine d'amis. Je n'en
« adresse pas à Doucet ; vous ne pouvez ensemble
« quitter le Ministère : mais si l'un de vous peut
« être près de moi dans ce terrible moment j'accep-
« terai avec reconnaissance cette marque d'ami-
« tié.

« A toi de tout cœur.

« G. Nadaud ».

26 décembre 1861.

Nous classons par années cette correspondance.
Les deux lettres suivantes font ressortir la bonté
de Nadaud et l'esprit du chansonnier.

Ce sont deux protégés qu'il recommande à son ami.

La seconde lettre est plus originale, en ce sens qu'elle est écrite en vers « rimés avec humour et au courant de la plume » :

« Mon cher Alfred,

« M. Minérel de Roubaix (sénateur), mon com-
« patriote, voulait recommander au jury de l'expo-
« sition M. Eugène Digaud qui présente trois ta-
« bleaux sous les nos 2.507, 2.508 et 2.509.
« Il a été obligé de quitter Paris et il m'adresse
« M. Digaud qui me demande une recommanda-
« tion pour le jury. Que puis-je faire ? Si non
« m'adresser à toi qui es en bien meilleure situa-
« tion pour savoir ce qu'il y a à faire. Je remets
« donc cette lettre d'introduction à M. Digaud en
« te priant de lui faire un bon accueil et de l'aider
« si tu le peux dans son entreprise.
« Je t'adresse d'avance tous mes remerciements
« et toutes les amitiés de ton bien cordialement
« dévoué.

« G. Nadaud. »

3 avril 1863.

Seconde lettre :

Mon protégé du jour se nomme Léon Caille,
Si tu pouvais lui faire avoir une médaille,

Il en serait content et moi peut-être aussi !
Mais comment émouvoir ce jury peu sensible ?
— C'est fait, dis-tu ? — Comment ! déjà ? c'est impossible ?
   — Mais si, mais si, mais si
   — Merci, merci, merci.

« Mon cher Alfred,

« Je te recommande en prose les n°s 377 et 378
« (Salle C.)
   « Mille amitiés
     « G. Nadaud. »
12 mai 1889.

Il est presque certain, que M. Alfred Arago, devant cette humoristique recommandation, fit plaisir à Nadaud, ainsi qu'à son jeune protégé.

Cette septième lettre de Nadaud est assez curieuse, en ce qui concerne le grand peintre Jérôme (le peintre des Rois).

Nadaud entretient aussi son ami de la *Ferme de Beauvoir* (qui est une chanson) et qu'il envoya probablement au peintre paysagiste, Van Marek, pour l'illustrer.

Cette chanson de la *Ferme de Beauvoir*, est d'une vive couleur rustique :

  C'est à la ferme de Beauvoir
  Qu'est un troupeau de vaches blanches,
  Je vais là-bas tous les dimanches
  Rien que pour les voir, etc.

Notons que Nadaud a écrit quelques pastorales, dont : *le Puits du Pont Kerlo*, c'est une paysannerie sentimentale dont la description historique ne manque pas d'intérêt; mais, revenons à notre correspondance.

La fin de la lettre annonce à son ami, ce qu'il a dit au *Peintre Jérôme*, et ceci, il l'exprime en un malicieux quatrain, si l'on se reporte à la chanson de Nadaud : « Le peintre des Rois » (Ed. de 1895, p. 276).

Voici les premiers quatrains de cette chanson :

> A la cour d'un roi d'Allemagne
> Je voyais souvent autrefois
> Un artiste de la Romagne,
> Albertini peindre des Rois.

> D'un bout à l'autre de l'année
> Il fabriquait, de parti pris,
> La même tête couronnée,
> Même qualité, même prix.

Mais où le *poème* a tout son sel, c'est quand le chansonnier nous raconte que dans une visite à l'artiste il voit sur le chevalet un nouveau Guillaume inachevé :

> Il avait tous les accessoires,
> Paysage, fond de portrait,
> L'habit, la couronne et les gloires,
> Mais de visage pas un trait !

Alors, le peintre explique ainsi son travail et sa pensée :

> Celui que je prépare
> Ne peut-il mourir ce soir !
> etc...

puis, il poursuit, et termine ainsi :

> Quand Dieu reprend Guillaume Père,
> Guillaume fils nous est rendu,
> Ce royaume est toujours prospère
> Et mon portrait n'est pas perdu !...

C'est, on le voit, une amusante plaisanterie entre amis. Voici la lettre :

« Mon cher Alfred,

« J'ai été plusieurs fois pour te voir, mais j'ai
« toujours trouvé visage de bois.

« Tu dois être à la campagne, j'y vais moi-même
« de demain samedi à lundi soir.

« La ferme de Beauvoir a été donnée à Von Ma-
« rek. Quant au peintre des Rois, voici ce que j'ai
« dit à Jérôme :

Vous voulez dessiner un Louis, un Guillaume
Un Frédéric, un roi quelconque, à votre choix
Ce que Jérôme prend appartient à Jérôme
Va donc, mon cher ami, pour le peintre des rois.

« A bientôt et à toi,
                « G. NADAUD. »
18 octobre 1877.

Cette *huitième* lettre, témoigne de la vie agitée du chansonnier, allant d'un pays à un autre, de villas en châteaux, etc. Venu là, pour une soirée, il y était retenu par sa gaîté et l'aménité de son caractère ; les amphitryons se réjouissaient aux refrains du Trouvère, et le rossignol demeurait 8 jours, 15 jours, prisonnier volontaire des sympathies que son talent avait fait naître.

Cette existence est bien celle d'un artiste !

Nadaud apprend à son ami qu'il se rendra au château de Marzac, après un court séjour en Normandie et en Bretagne.

Le propriétaire du château était *M. de Fleurieu*. Or, nous devons apprendre au lecteur que le poète avait fait quelques rêves fantaisistes :

Le premier, fut celui d'avoir *sa Vigne*! et Nadaud l'eut, en Saône-et-Loire, à *Cormartin*, près de Mâcon.

A ce sujet, Ernest Chebroux nous écrivait ceci : « Il faisait avec cette vigne quelques pièces de vin « dont il ne tirait d'autre profit que *le plaisir* de le « faire boire à ses amis ».

D'autre part, dans *Les Contemporains* nous lisons ce passage : « Le rêve de Nadaud avait été de faire son vin, son fameux *Cormartin*, auquel il prêtait toutes les saveurs exquises, tous les bouquets bourguignons dont *sa chère piquette était totalement dépourvue.* »

— De la coupe aux lèvres, le plaisir des amis était moins grand !

Pas commerçant, toujours loin de son *plan*, le propriétaire songea qu'il valait mieux chanter la vigne que fabriquer du vin et il abandonna la viticulture. Nous donnons la musique autographe inédit que Nadaud écrivit pour sa chanson du *Cormartin* (1).

Mais aimant la nature, et pour se consoler des ingratitudes de Cormartin, « Nadaud, dit-on, avait loué une petite métairie dans le château de Marzac pour élever *ses bœufs*.

Donc, en se rendant en Dordogne, nous savons maintenant que le bon chansonnier allait pendant un mois visiter *sa métairie, ses herbages* et *ses bœufs!* Nadaud cherchait son *Carcassonne!*

Lettre de Nadaud :

« Mon cher Alfred,

« Je pars pour la Normandie et la Bretagne; dans
« 8 jours je serai au château de Marzac par Les
« Eyzies (Dordogne) où je compte rester jusqu'au
« 12 septembre. Tu dois recevoir dans 2 jours le
« dessin de Dupray.

« Ne perds pas Jérôme de vue.

     « A toi.

           « G. Nadaud. »
19 août 1880.

Cette *avant-dernière lettre* va nous montrer le

(1) Autographe de la collection Albert Kieffer, de la *France Littéraire*.

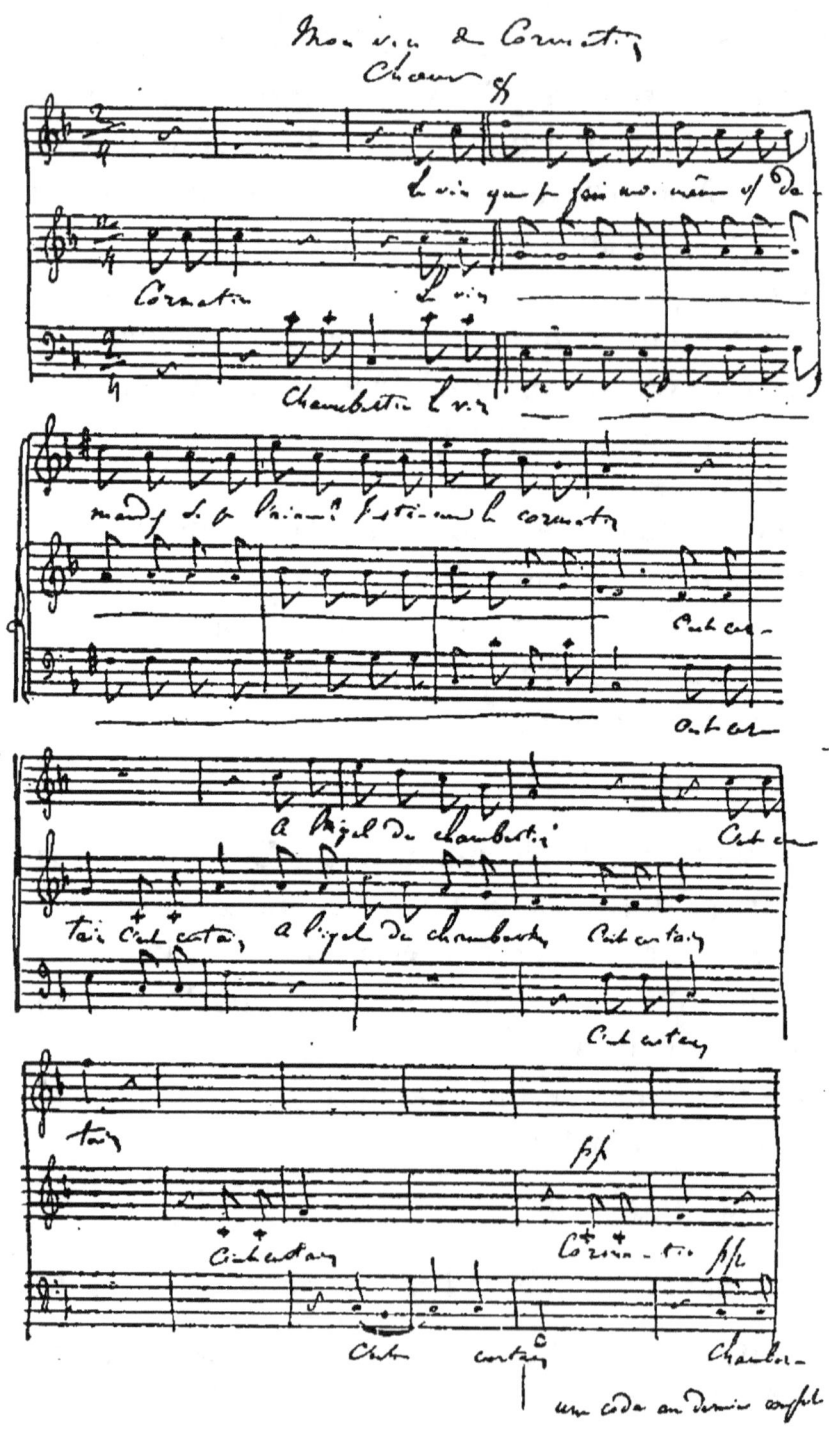

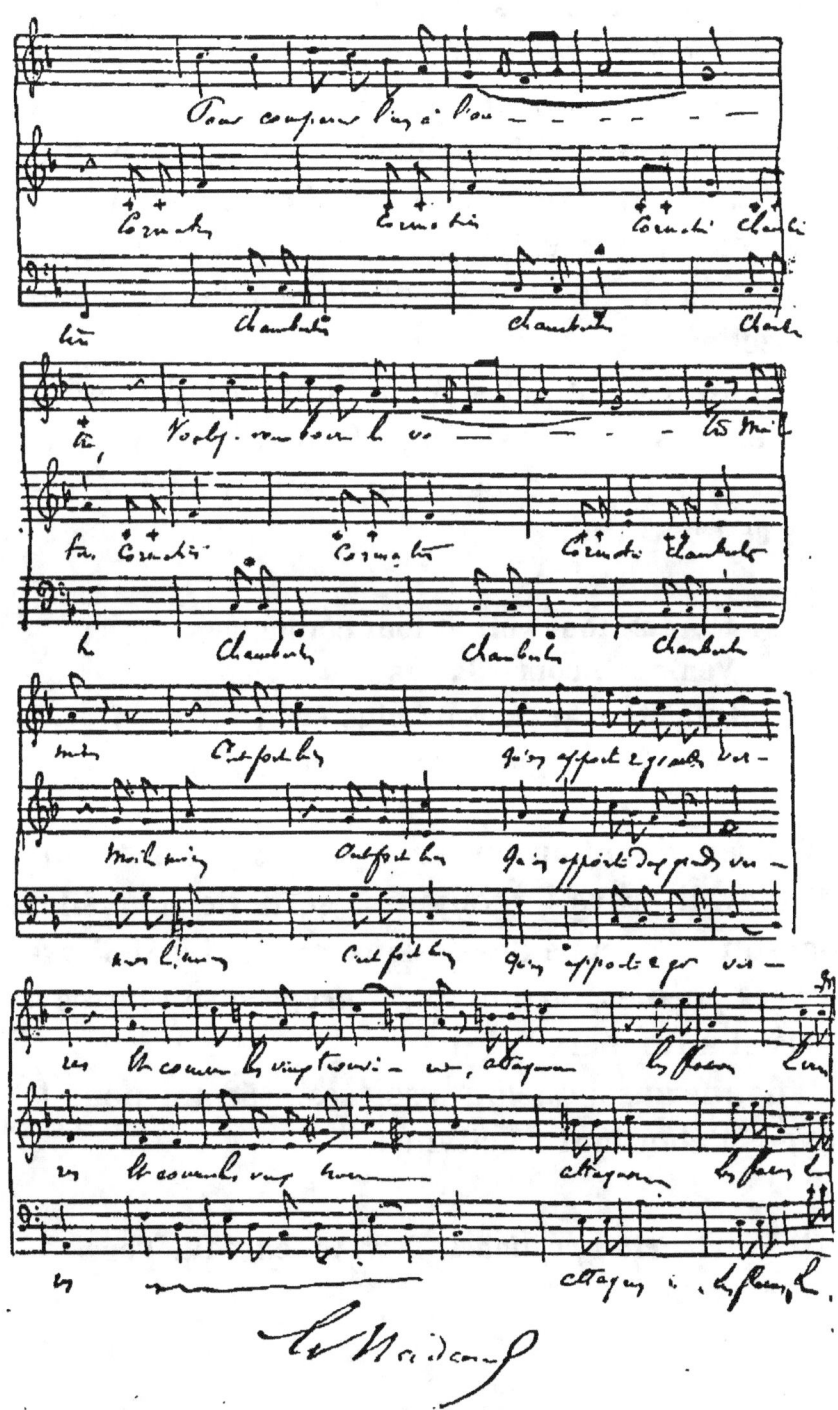

chansonnier à Nice, dans sa villa Pandore à Cimiez, dont la vue était ravissante à cette époque (Cimiez n'étant pas encore lancé) ; située derrière le château de Zuylen, il jouissait de cette hauteur d'un magnifique panorama, s'étendant sur la mer, depuis la *Californie*, point extrême de la promenade des Anglais, jusqu'au quartier des *Pouchettes*, ou celui des pêcheurs.

Nadaud est toujours jeune, toujours disposé à voyager, et s'il ne visita pas Rome, ce ne fut pas lui qui manqua le départ ; du reste, il s'est révélé dans ce quatrain :

> Je veux tout voir et tout connaître,
> Venir ici, courir là-bas :
> Où j'étais, je ne veux plus être ;
> Je veux être où je ne suis pas (1).

Tout en vivant au milieu *de ses roses et de ses artichauds*, il travaille toujours, écrit de nouvelles chansons, s'occupe des dessins qui doivent illustrer ses poèmes, en un mot, il prépare sa rentrée à Paris et à Roubaix.

Il donne aussi quelques soirées, à 58 ans nous le voyons débordant d'activité.

(1) Voir *Miettes poétiques*, T. V. Stock, édit., Paris.

Lettre de Nadaud :

« Mon cher Alfred,

« Me voici revenu de Rome, en ce sens que je
« n'y ai pas été. Non, mon cher ami, j'avais un
« compagnon de voyage qui a manqué de décision
« au moment voulu, et je suis resté avec mes résé-
« das et mes artichauts. Nous sommes en carna-
« val, le carnaval de Nice, le dernier des carna-
« vals. Aujourd'hui, demain et après-demain on va
« faire toutes sortes de folies.

« Depuis deux jours le ciel est couvert et tous les
« pronostics étaient pour la pluie (qu'on n'a pas
« vue ici depuis trois mois) et voilà encore que les
« nuages semblent s'écarter et que le temps va re-
« devenir serein.

« J'ai entre les mains un dessin que D. Keyser,
« directeur de l'Académie de peinture d'Anvers,
« vient de me faire sur la chanson de l'*Aïeul*. Un
« peintre italien, Giacometti, doit me faire *Libre*,
« une chanson sur l'Italie.

« Jérôme a dû recevoir une boîte de fleurs que je
« lui ai envoyée.

« Je vais bientôt songer au départ, c'est-à-dire
« au retour. Ce n'est pas que je ne me trouve pas
« très bien à Nice, mais la soif de Paris commence
« à se faire sentir. Il faut que je me réchauffe au
« cœur de mes amis';

« A toi, et aux tiens, cher ami, de tout cœur.

« G. NADAUD. »

3 mars 1878.

« J'ai donné dans un chalet trois matinées littéraires et musicales qui ont eu leur succès. »

Cette lettre de chaude intimité, nous donne bien le fond du caractère du chansonnier.

La *Villa Pandore* existe toujours, quoique transformée, et pendant notre séjour à Cimiez nous prenions bien souvent la rue *Gustave Nadaud* pour gagner les oliviers, et goûter toute la poésie de ce pays enchanteur :

« Un régal de soleil, de rose et d'oranger
« Que le ciel et la mer semblent se partager ».

La dernière lettre de Gustave Nadaud à Alfred Arago, nous montrera l'inépuisable gaîté du chansonnier, et l'ardeur toute juvénile qu'il apporte à la préparation d'une nouvelle édition de ses œuvres.

Elle laissera voir aussi une certaine sensibilité, qui est celle d'un homme vivant beaucoup par le cœur.

Enfin, rien de ce qui est intellectuel et artistique ne le laisse indifférent, et c'est ainsi qu'il dira à son ami tout son enthousiasme pour le discours de

Labiche, l'auteur plein d'esprit de la *Cagnotte*, et de tant d'autres fines comédies.

Voici cette lettre, vers et prose, datée également du « Chalet Pandore » :

> « Je fais savoir à mes amis
> « Que je suis cloué dans ma chambre.
> « Un mal bien connu s'est permis
> « De me prendre au vingt-un décembre,
> « Quatre jours avant la Noël,
> « Onze avant la nouvelle année,
> « Je suis un homme plein de fiel
> « Et ma bile s'est retournée,
> « O mes amis, priez le ciel
> « Pour que mon mal bientôt finisse.
> « Je ne vous ai pas dit lequel :
> « J'ai la jaunisse. »

« Oui, mon cher Alfred voilà ce que j'ai. Mon « édition va marcher très bien, je trouve partout « des adhérents chaleureux, j'aurai trop de des- « sins. On m'en offre de toutes parts et je suis « obligé d'en refuser. Pourquoi mes vieux amis « sont-ils plus rétifs que les amis inconnus ?

« Ce n'est que depuis ma maladie que j'ai pu me « procurer le discours de Labiche. Quelle mer- « veille ! Quel chef-d'œuvre !

« J'en ai encore pour une dizaine de jours de
« claustration.

« Cordial vœu, cher ami,

« G. NADAUD. »

Chalet Pandore.
28 décembre 1880.

Cette dernière lettre nous fait placer ici une anecdote, qui a trait non seulement à cette édition nouvelle mais encore à la générosité de Nadaud.

Nous la reproduisons telle que M. Ernest Chebroux nous l'a contée :

« Quand Nadaud publia sa grande édition illustrée par ses amis, les grands peintres de notre époque, un de ses premiers exemplaires fut pour les frères Lionnet, artistes de premier ordre, et fort recherchés dans les salons.

« Nadaud porta lui-même à ses deux interprètes et amis les trois volumes et eut la délicatesse de glisser dans les pages (je crois que c'était dans la page où se trouvait le *Navire Aérien*, créé par les Lionnet) un billet de 1.000 francs, pour remercier ses interprètes qui commençaient à courir après la pièce de 20 francs. Comme le geste était délicat et grand en même temps !

« Les frères Lionnet ouvrirent un jour devant moi le beau livre qui venait de paraître, mais connaissant toutes les chansons de Nadaud, ne me montrèrent que les admirables dessins qui se trouvaient à la fin du livre. »

« Quand mourut le dernier des Lionnet, Hippolyte, on vendit la bibliothèque, ou plutôt ce qui en restait ; un amateur acheta à la vente l'ouvrage de Nadaud et en parcourant les pages trouva le billet de mille francs, une petite fortune que les deux pauvres artistes avaient dans leur bibliothèque sans s'en douter. »

L'anecdote, on le voit, valait la peine d'être reproduite.

Pour juger des amis, et des relations de Nadaud, nous citons ce passage de la remarquable conférence de M. *Léo Claretie*, sur le chansonnier, concernant cette Edition exceptionnelle : — G. Nadaud (*qui ne s'était jamais fait payer ses soirées*), se trouvait à ce moment un peu gêné : « Il suffit à Nadaud de placer *un exemplaire*, dans chacune des maisons où il avait dîné, comme on déposerait sa carte de visite, pour que ses droits d'auteur aient tout de suite atteint la somme de cent mille francs. »

A seule fin de faire mieux savoir à quel point Nadaud était aimé et sympathique, nous reproduisons quelques lettres de différentes personnalités, publiées, pour la première fois, dans le *Journal Gaulois*, le 30 décembre 1893, sous la signature de S. Basquier de l'Epine. Elles sont de : Méry, Roger de Beauvoir, baron Corvisart, Rachel, la grande comédienne, A. Dumas ; mais, ainsi que le signale l'auteur de l'article, « le duc de Morny, E. Augier, Reichemberg, Barbier, L. Fiquier, la femme de Rossini, et beaucoup d'autres célébrités écrivaient aussi bien à Nadaud, que les signataires des lettres suivantes ».

« Nous reproduisons sans commentaires ».

Lettre humoristique de Méry.

(Cette lettre est datée du 12 juillet 1857 (1).)

« Mon poète chéri,

« Je viens vous faire violence en faveur de l'aris-
« tocratie européenne d'Ems, pour vous arracher à
« ce monopoleur de Paris. Vous trouverez ici,
« comme dit un de nos vieux frères, bon souper,
« bon gîte et le reste. Moi qui suis un égoïste
« double, je veux vous cacher que je vous enten-
« drais avec un bonheur extrême dans cette char-
« mante vallée où la rivière « La Lahu » et la forêt
« voisine accompagnent les poètes beaucoup mieux
« qu'un piano allemand !

« Comme intermède, je vous proposerai des pro-
« menades en gondole, où nous nous entretien-
« drons de la nature et des choses de *Natura rerum*,

(1) Méry, poète et romancier, était né dans les Bouches-du-Rhône, 1798-1866.

« comme Horace avait l'habitude de faire avec son
« jardinier. Il y a aussi des cigares exquis (*déci-
« dément ils ne datent pas de 1870 et Gambetta
« n'était qu'un insolent plagiaire*) que le dit Horace
« a attendus vainement et qu'il n'a jamais fumés !
« *Hoc erat in votis*, disait-il, mais Christophe Co-
« lomb n'avait pas encore découvert l'île de « Ta-
« bago » et les vœux du Nadaud romain n'ont pas
« été tous exaucés.

« Résumé :

« Nous fumerons, nous causerons, nous boirons
« du vin du Rhin, nous nous promènerons aux
« étoiles comme des péripatéticiens, et vous chan-
« terez vos odes admirables faites de larmes et de
« sourires.

MÉRY.

Lettre de Roger de Beauvoir.

« Que d'esprit dans votre *Prince Indien* ! J'ai cru
« relire *Zading* ; les *Chaussettes* ont eu un succès
« non moins grand ; le petit club formé d'aventure
« chez moi demeure encore charmé de *Toinon*.
« Pour moi, que la goutte et les douleurs ne
« quittent pas, je me trouve sous le charme de ces
« compositions qu'Alfred de Musset, notre vieil
« ami, eut tant aimées. Continuez à chanter, moi
« je guérirai peut-être en vous entendant sou-
« vent ».

Cette lettre du distingué écrivain, mort comme Méry en 1866, constitue une des plus délicates analyses des œuvres de Nadaud.

Billet du baron Corvisart.

« Venez donc voir le vieux Russien dont les
« glaces du nord n'ont pas encore gelé le cœur.
« J'ai été l'ami de Désaugiers et de Béranger et je
« dois l'être aussi de Nadaud qui est de la même fa-
« mille.

« Tout à vous de confiance et de cœur,

« CORVISART. »

(Cette lettre est datée du 8 mars 1859).

Alexandre Dumas s'exprimait ainsi en répondant au chansonnier après que celui-ci lui avait adressé une de ses œuvres :

« Avec quel plaisir, mon cher Nadaud, je vais
« lire cette idylle. Vous allez me faire croire que
« je suis redevenu jeune, vous qui l'êtes toujours
« resté. »

Puis c'est la grande tragédienne Rachel, priant Nadaud de venir dire ses œuvres chez elle :

« N'allez-vous pas me trouver tout à fait indis-
« crète, en venant vous prier de bien vouloir venir
« chez moi ce soir, pour faire entendre au prince
« Jérôme Napoléon quelques-unes de vos déli-

« cieuses chansons. Nous ne serons que huit à dix
« personnes ; et je ne puis vous dire quelle serait
« ma reconnaissance si vous pouviez me faire cet
« extrême plaisir.

« RACHEL. »

Toutes ces lettres témoignent de l'estime affectueuse que l'on avait pour Gustave Nadaud, et quoique ces missives ne soient pas inédites, nous avons cru devoir les reproduire, car elles font mieux connaître le chansonnier dans ses relations.

En suivant l'existence du poète, nous apprenons qu'il ressentit dans sa carrière deux douleurs.

La première fut causée par le *dîner de Lamartine*, que l'on connaît peut-être, aussi la raconterons-nous brièvement, Nadaud ayant lui-même expliqué longuement cet incident dans la *Préface* de ses *Nouvelles Chansons* (édition de 1891), reproduisant in-extenso une lettre de Lamartine, détruisant cette légende, que l'on ressortait cependant de temps à autre :

Lamartine et la Princesse Clotilde invitèrent pour le même soir le chansonnier ; Nadaud, par galanterie, accepta l'invitation de la princesse (fille de Victor-Emmanuel qui épousa Plon-Plon). Lamartine en fut piqué, et pendant son dîner aurait improvisé les paroles suivantes (ou plutôt les vers suivants) sur l'air des *Deux Gendarmes* :

« Un jour le vaincu de Pharsale
« M'offrit un souper d'un écu ;
« Le vin est bleu, la nappe est sale ;
« Je n'irai pas chez le vaincu,
« Mais que la cousine d'Auguste
« M'invite en sa noble maison,
« J'accours, j'arrive à l'heure juste :
« Brigadier, vous avez raison. »

Cette parodie fut imprimée dans le *Parnasse Satyrique* sous le nom de Coquenard (nom d'une rue que celui de Lamartine avait remplacé), et l'incident, on s'en doute, fut répandu un peu partout.

Cette parodie n'était pas de Lamartine mais *d'une mauvaise âme* (comme, malheureusement, on en reçoit chez soi quelques fois), car le poète des *Méditations* et des *Harmonies politiques* avait une éducation trop élevée, pour se servir de l'Epigramme.

Le désaveu parut dans une lettre que Lamartine fit publier par le journal : *Le Figaro*.

Nous en citons quelques passages :

« Mon cher Nadaud,

« Il ne faut jamais badiner, même à porte close,
« avec l'amitié et encore moins avec l'honneur.
« On risque, pour un petit plaisir, de se blesser soi-
« même, ou, ce qui est bien plus grave, de blesser

« un caractère parfaitement pur et de perdre un
« ami à jamais regrettable. C'est ce que j'ai éprouvé
« il y a quelques jours, en apprenant qu'un de ces
« journaux qui écoutent aux portes et qui prennent
« au sérieux ce qui est plaisanterie, parce qu'ils ne
« voient pas les visages et n'entendent pas l'accent,
« venait de me prêter à votre égard quelques vers
« improvisés avant dîner, et même quelques expres-
« sions qui ne sont pas de moi.

« C'est ainsi qu'un musicien de l'antiquité faisait
« pleurer et rire avec la même note, en changeant
« le mode ou le ton. Les vers cités, du reste, « du
« premier au dernier ne sont pas les miens ».

« Je ne vais pas chez le vaincu de Pharsale, ou-
« trage à votre caractère, n'aurait aucun sens à
« l'égard d'un homme de cœur qui venait familiè-
« rement chez moi, et à qui j'avais eu le plaisir
« d'offrir sans façon le vin du cru à la campagne;
« la défaite aurait été plutôt une séduction et la
« disgrâce un attrait pour vous comme pour tous
« les nobles cœurs... etc. »

Et plus loin Lamartine explique le fait :

« Mes invités furent exacts au rendez-vous. J'étais
« fier de vous avoir et je me vantais de mon ascen-
« dant sur un talent qui ne se vend pas, mais qui se
« donne, quand un billet de vous survint et rabattit
« tout mon orgueil en m'apprenant qu'une princesse
« belle, aimable et impériale venait de vous inviter
« pour le même jour et que vous vous étiez vu dans

« l'impossibilité de refuser par je ne sais quelle loi
« d'étiquette que mon amitié ne soupçonnait pas.
« Vous connaissez l'humeur, bien ou mal fondée,
« d'un hôte malencontreux forcé de dire à ses con-
« vives :

Nous n'avons, mes amis, ni Nadaud, ni Molière !

« J'eus, au premier moment, un court accès de
« cette méchante humeur et je m'amusai, pendant
« qu'on enlevait votre couvert de la table, à paro-
« dier, en riant du bout des lèvres, la charmante
« ironie de votre immortel *Pandore* :

Brigadier, vous avez raison.

« Mais je me gardai bien d'écrire une seule
« ligne de cette parodie et même de répéter le cou-
« plet à mes amis, de peur qu'il ne s'échappât de
« leur mémoire sur les échos de l'indiscrétion pour
« aller vous atteindre au cœur, vous que j'aimais...
« j'ai eu tort, puisque j'ai eu le malheur d'être l'oc-
« casion pour vous de la moindre peine, je m'en
« frappe la poitrine comme d'une mauvaise ac-
« tion... »

Et il termine par des excuses, pour ce qu'il appelle « la seule mauvaise plaisanterie que je me
sois permise de ma vie ».

Cette jolie réparation de Lamartine l'honore

grandement, en même temps qu'elle témoigne de l'estime profonde qu'il éprouvait pour G. Nadaud.

Mais allez donc détruire une légende ! et le fameux couplet revenait périodiquement dans ses feuilles littéraires.

En 1895, après la mort du chansonnier, son exécuteur testamentaire fut obligé de publier à nouveau cette protestation de Lamartine !

Cet incident affligeait d'autant plus Nadaud qu'il le faisait passer pour un *Courtisan de l'Empire*, cette fausse légende le faisait Bonapartiste ! aussi écrivit-il ces quatrains dans la préface de son livre :

« Ces vers immérités où j'insulte au vaincu
M'ont pu faire passer pour un Bonapartiste.
Je ne le fus jamais ; et comme j'ai vécu
Je mourrai dans la peau d'un vieil Orl.......

« J'ai des préférences, des sympathies, du dévoue-
«ment. Mais :

A nul engagement Liber n'a consenti,
Il est de son pays mais non de son parti.

Et de ce jour Nadaud cessa ses visites à la Princesse Mathilde, préférant passer pour un ingrat, que laisser croire qu'il fût un courtisan politique.

Nadaud était royaliste, comme Désaugiers, mais d'un *caractère différent !*

Cette pensée le poursuivit jusqu'à son lit de mort (1), elle offensait sa vie ; aussi écrivit-il à Ernest Chrebroux les lignes suivantes, quelques jours avant de mourir :

« *Ami Chebroux*, voici la vérité sur l'incident
« dont j'ai eu à souffrir toute ma vie :

« Les vers ne sont pas de Lamartine ; j'en con-
« nais l'auteur que je ne veux pas nommer, je lui
« pardonne.

« *Ce n'est pas chez la Princesse Mathilde* que j'ai
« été dîner ce soir-là, mais chez la Princesse Clo-
« tilde, laquelle revenait à Paris, avait elle-même
« dressé la liste des artistes qui devaient figurer à
« cette soirée. »

Ernest Chebroux publia cette lettre au journal *Le Figaro* le *27 juillet 1895*, faisant une bonne fois justice de cette fausse légende qui était contre les opinions de Nadaud d'abord, et ensuite contre la dignité de l'homme, et c'est ainsi qu'il a pu dire franchement :

Que jamais il n'avait été ni reçu à Compiègne ni

---

(1) Dans *Contes et Récits d'un vieux Roubaisien*, par G. Nadaud, il retrace encore toutes les phases de cette affaire, l'on sent qu'il veut faire entièrement la lumière sur l'incident. « Cet ouvrage, publié à Roubaix en 1892, est le dernier du poète. »

aux Tuileries ni ailleurs : « Je n'ai jamais été l'hôte ni même le convive de l'Empereur », et il faut le croire.

L'autre douleur lui vint de son propre Editeur.

Sans songer au chagrin qu'il lui devait causer, celui-ci se laissa aller à lui dire, un jour que Nadaud lui faisait visite : « Mon cher Nadaud, la mode est aux refrains de Montmartre ; pour les refrains de la butte on délaisse les vôtres, qui sont moins de vente, *on vous trouve... vieux !* »

C'est par un tel outrage que l'Editeur payait *quarante années* de succès, que le poète avait apportées dans sa maison !

Quelle différence avec l'Editeur de *Béranger*, le brave et digne *Perrotin*, qui *augmenta* la rente qu'il faisait au chansonnier, et veillait aux besoins du vieillard, dont la main était, comme celle de Nadaud, toujours ouverte à l'infortune, et dont l'insouciance pécuniaire, les générosités, les secours aux uns et aux autres, causaient parfois la gêne, dans le foyer du vieux chansonnier républicain.

« On vous trouve vieux. »

Vraiment, l'on peut difficilement supposer que la vie mercantile puisse donner un telle rudesse de langage, après 40 années de collaboration !

L'affaire s'arrangea, dit-on, mais Nadaud était touché au cœur, il fallait qu'il le fût profondément pour décocher les traits suivants à celui qui était la cause de sa peine.

« JE SUIS GATEUX »

Cette fois, c'est fini de rire,
Tous mes parents me semblent dire
En me voyant si souffreteux :
    Il est gâteux !

Je suis pincé par le flanc gauche,
La cuisse droite, la jambe gauche,
Le pied fauché se fait boiteux,
    Je suis gâteux !

Les troubadours de la canaille
Disent : c'est parfait qu'il tenaille,
Ce ramolli, ce vaniteux
    C'est un gâteux.

Un ménestrel qui me dédaigne
Ne veut plus voir sur son enseigne
Mon nom qui le rendait honteux,
    Je suis gâteux !

Etre remercié d'office
Après quarante ans de service,
N'est-il pas vrai que c'est piteux ?
    Je suis gâteux

Ceux à qui je dois mes souffrances
Sont les Editeurs de romances...
Je ne suis pas plus bête qu'eux...
    Je suis gâteux !

« Qui donc a dit qu'il était vieux ? » Nous trouvons, au contraire, qu'il a de l'esprit à revendre... à ceux qui en manquaient !

Révolté contre l'outrage fait à son talent, il bondit jusqu'à sa lyre, et écrivit le merveilleux poème : « Qui donc », qu'on lira certainement avec plaisir :

QUI DONC ?

Qui donc a dit que j'étais vieux ?
Celui-là ne me connaît guère,
C'est sans doute un être vulgaire,
Quelque jaloux, quelque envieux
Qui s'est caché durant la guerre.
Qui donc a dit que je suis vieux ?

Qui donc a dit que j'étais vieux ?
Est-ce la rime, est-ce la muse ?
L'une m'étreint, l'autre m'amuse.
Comme une poule pond des œufs,
Je ponds des vers, et j'en abuse :
Qui donc a dit que je suis vieux ?

Qui donc a dit que j'étais vieux ?
Quelque pédant, quelque maroufle
Sans gaîté, ni verve, ni souffle,
Dont le pied lourd et tortueux
Ne chausserait pas ma pantoufle :
Qui donc a dit que je suis vieux ?

Qui donc a dit que j'étais vieux ?
Ce n'est certes pas une femme ;
Demandez plutôt à madame...
Mais vous êtes trop curieux ?
Nous attendrons qu'elle réclame :
Qui donc a dit que je suis vieux ?

Qui donc a dit que j'étais vieux ?
Est-ce mon acte de naissance ?
On l'aura fait en mon absence
Pour dépister les curieux.
La vieillesse, c'est l'impuissance :
Qui donc a dit que je suis vieux ?

Qui donc a dit que je suis vieux ?
Personne, personne, personne !
La machine est encore bonne.
Quand vient le moment sérieux
Le cerveau pense et le cœur sonne :
Qui donc a dit que je suis vieux ?

Quelle verve ! et ce poème est écrit au déclin de la vie de Nadaud.

Ernest Chebroux dissuada le poète de continuer cette polémique, si peu dans son caractère, mais G. Nadaud laissa tout un dossier de chansons caustiques, en réponse à l'injure qui lui avait été faite, et ces œuvres, qui resteront inédites probablement, démontrent toute la vigueur, toute la lucidité d'esprit du chansonnier, où vibrent toute l'indignation d'un cœur sensible !

Parmi les distinctions honorifiques qui vinrent consacrer le mérite des œuvres de G. Nadaud, nous mentionnons le *Prix Vittel*, de l'Académie Française. Il fut même question, à un moment, de la candidature du chansonnier à un fauteuil de cette éminente compagnie.

Peut-être le poète en avait-il le désir, car nous trouvons ce quatrain, dans les *Miettes Poétiques*, rimé après l'article de M. Montorgueil :

> « Je suis satisfait de mon sort
> Et j'attends doucement la mort,
> Pourtant, j'aurai bien quelque envie
> D'être...

L'idée toutefois s'en répandit parmi les amis du chansonnier-poète et un écrivain de talent, *M. Georges Montorgueil* (chansonnier à ses heures) envisagea cette candidature ; dans une fantaisie humoristique et littéraire, il suppose Nadaud membre de l'Académie Française, en remplacement de *M. Cuvillier-Fleury*, et improvise un spirituel discours dans la bouche du Directeur, chargé de souhaiter la bienvenue du récipiendaire.

Cette originale fantaisie fut insérée dans le journal *Paris* (9 novembre 1887), sous le titre de : « Nadaud à l'Académie », nous citerons de ces trois colonnes, les dernières lignes :

> « Le peuple répète en ce moment des refrains si

« obscènes, si ridicules, si prétentieux, si niais,
« que l'Académie a pensé qu'au nom des Lettres
« et de l'honneur national, il était temps qu'elle
« intervînt.

« En vous choisissant, malgré vous, qui chan-
« tiez comme votre illustre devancier :

« Non, mes amis, non je ne veux rien être,

« l'Académie a tenu à apprendre aux Français des
« salons, des ateliers, des théâtres et des usines,
« que ces couplets canailles en vogue ne sont à la
« chanson que ce que la fuschine est au vin. En
« vous nommant, Monsieur, l'Académie a voulu
« prouver très haut, solennellement, que la chanson
« française n'est pas la drôlesse qui court les rues
« à la recherche de bottes à lécher, ordurière à
« faire rougir quand elle n'est pas bête à faire
« pleurer, que la chanson française est une muse
« plus décente et plus noble.

« L'Académie ne vous a désigné que pour pou-
« voir dire : la Chanson française, la voilà ! »

. . . .

Pour copie qui souhaiterait d'être fidèle :

GEORGES MONTORGUEIL.

Paris, novembre 1887.

Non seulement M. Montorgueil écrivit en homme
d'esprit, mais il écrivit aussi un magnifique plai-

doyer pour la bonne et saine chanson contre l'ineptie du jour.

Si Nadaud ne fut pas de l'Académie Française, il fut reçu, magnifiquement, par celle des *Jeux Floraux de Toulouse,* en la solennelle séance de cette Compagnie Poétique, le 3 mai 1883.

Nous reproduisons le discours en vers, adressé au récipiendaire, par M. le Comte Fernand de Rességuier, secrétaire perpétuel, et aussi le Poème lu par G. Nadaud, Maître es-jeux ; ces deux pièces forment un ensemble d'esprit, d'érudition et de grâce littéraire et poétique, que nous avons cru devoir faire connaître au lecteur.

VERS

ADRESSÉS

A M. GUSTAVE NADAUD

PAR

M. LE COMTE FERNAND DE RESSÉGUIER

SECRÉTAIRE PERPÉTUEL

VERS

ADRESSÉS

A M. GUSTAVE NADAUD

PAR

M. LE COMTE FERNAND DE RESSÉGUIER

SECRÉTAIRE PERPÉTUEL

Après la chanson de nos preux,
Chanson d'amour, chanson de gestes,
Dont les hauts faits sont valeureux,
Mais les tercets fort indigestes ;

Après les flons-flons du Caveau,
Et les petits refrains bachiques,
Et les couplets et le rondeau,
Et la cantate politique ;

Après les ponts-neufs qu'aux marmots
Répètent sans fin les grand'mères,
La complainte alignant les mots
Et martyrisant la grammaire ;

Après le quatrain libertin
Qui peuple notre répertoire,
Et le vaudeville malin
Dont tout bon Français se fait gloire,

Parut, ô Nadaud ! ta chanson,
Qui, gracieuse, honnête et franche,
Jette un accord dans la maison
Comme l'oiselet sur la branche.

Idylle simple ou chant d'amour,
Voix de l'aïeule ou de l'enfance,
Échos des bois, bruits du silence,
Elle nous berce tour à tour ;

Tantôt s'élevant dans la nue,
Ta rime voyage en ballon ;
Tantôt, cantilène ingénue,
Elle redescend au vallon.

Souriante ou mélancolique,
Elle fouille le cœur humain,
Caressant la note comique
Et la bêtise du prochain.

Grâce à ta verve enchanteresse,
Incomparable maître ès-jeux,
Tout est permis à ton adresse :
Elle dit tout ce que tu veux.

Naïvetés du pauvre monde,
Petites misères, travers
Et ridicules à la ronde,
Tu les gourmandes dans ton vers.

Nadaud ! Idéal que personne
Ne peut atteindre, c'est certain,
Tu ressembles à Carcassonne,
Qui m'apparaît dans le lointain ;

Car d'un rien tu fais quelque chose
Que nous aimons à répéter,
Qui nous enivre et nous repose,
Qui, tristes, nous ferait chanter.

Voilà pourquoi, gentil poète,
Clémence Isaure en sa maison
Réclame aujourd'hui ta musette
Et te demande ta chanson.

Toulouse à ce prix te pardonne
D'avoir parlé d'un ton léger
Des Gascons et de la Garonne.
Elle aurait bien pu se venger !
Mais Toulouse n'a pas voulu,

Lanturlu !
Elle s'y connaît, la Gasconne :
En faisant de toi son élu,
Elle reçoit ; c'est toi qui donne.

ÉLOGE DE CLÉMENCE ISAURE

PAR

M. Gustave NADAUD, maitre ès jeux

ÉLOGE DE CLÉMENCE ISAURE

PAR

M. Gustave NADAUD, maitre ès jeux

J'ai fait un rêve, un rêve étrange :
Une fée, un lutin, un ange,
Une femme dans tous les cas,
Près de mon chevet est venue,
Et je l'ai soudain reconnue
Quoique ne la connaissant pas.

Son port était d'une déesse ;
Son élégance et sa noblesse
Éclataient dans ces beaux habits
Qu'on dessinait au Moyen Age
Pour les dames de haut lignage
Et les saintes du Paradis.

Par un nimbe d'or maintenue,
Sa tête planait dans la nue
Et l'azur était sous ses pas :
« Je suis bien vieille, me dit-elle ;
— Mais non : vous êtes immortelle,
Et l'immortel ne vieillit pas. »

Son visage sévère eut un léger sourire,
Elle me dit..., du moins je crus l'entendre dire :
« Tu ne me déplais point. » — On sait que tout auteur
Fait parler à son gré son interlocuteur.
Puis, familièrement, elle ajouta : « Bonhomme !
(C'est ainsi, paraît-il, que là-haut on me nomme)
On veut en ta personne honorer la chanson.
Les aigles veulent bien recevoir le pinson.
Pour prendre le niveau de la docte assemblée,
Pourras-tu soutenir assez haut ta volée ?
Quand il faudra chanter la gloire et la vertu
Et la terre et le ciel, dis-moi, le pourras-tu ?
Tu ne sembles pas fait pour les hauteurs sublimes
Qui donnent le vertige et cachent des abîmes.
Non, le souffle te manque, et ta petite voix
Est bonne pour l'écho des jardins et des bois ;
Souvent ton air chevrotte et ta chanson chevauche ;
Tu veux aller à droite et tu tournes à gauche,
Côté du cœur, danger. » (Tous les jours on apprend
Que le propre d'un songe est d'être incohérent.)
« Tu ne finiras pas sans faire mon éloge :
C'est un devoir auquel nul ici ne déroge.
Parmi tant de sujets lequel vas-tu choisir ?
— Mon sujet favori : La paix et le loisir.
J'ai rêvé (c'est encore un rêve dans le rêve)
La tempête domptée expirant sur la grève,
L'Océan conjuré, le nid des alcyons,
Le calme dans le trouble... » — Elle me dit : « Voyons. »

    Ainsi qu'une onde tourmentée,
    Notre existence est emportée

Par un invincible courant.
Trouverons-nous une retraite
Où notre navire s'arrête
Dans le remous de ce torrent ?

Nous voulions garder une trace
De toute chose ayant sa place
Dans le cœur ou dans la raison ;
Mais les souvenirs du voyage,
Comme les arbres du rivage,
Sont déjà loin à l'horizon.

Dans l'espace étroit de son orbe,
Le moment présent nous absorbe ;
Nos jours s'écoulent confondus,
Semblables aux flots qui se brisent,
S'amoncellent et se détruisent
Pour se redresser éperdus !

Si, du moins, dans notre impuissance,
Dieu nous accordait la licence
D'imiter l'alcyon des mers.
Qui, sans effroi de la tourmente,
Établit sa maison flottante
Sur la cime des flots amers !

Alors, on dit que la tempête,
Qui des grands mâts couche la tête,
Ne peut submerger le roseau
Où dort la paisible couvée,
Sur le sein des eaux soulevée,
Comme Moïse en son berceau.

> Pourquoi ne peut-on pas de même
> Trouver, au pays où l'on aime,
> Cet esquif léger et mouvant
> Qui vogue sans voile ni rame,
> Qui se plie au choc de la lame
> Et se courbe au souffle du vent ?
>
> Ainsi, sur l'Océan du monde,
> Nous livrerions au gré de l'onde
> Le nid de mousse et de velours,
> Où seraient mollement bercées
> Nos plus attachantes pensées,
> Nos amitiés et nos amours !

— « C'est assez bien, dit-elle, et ta muse pédestre
A quelque peu quitté son horizon terrestre.
Je te fais, cependant, observer que l'amour
Reparaît dans tes chants plus souvent qu'à son tour,
Et tu conviendras bien que chanter ce qu'on aime,
Cela ressemble fort à se chanter soi-même.

Dans ton petit bagage ou ton petit cerveau
Cherche un autre sujet, soit ancien, soit nouveau.
N'as-tu pas célébré de ta plume légère
« Le livre ? » — Oh ! oui, le livre et l'auteur qu'on préfère.
— Le sais-tu ? — Je le sais. — Je m'en souviens aussi.
Dieu ! qu'on a de mémoire en songe ! — Le voici :

> Le livre de choix ou d'étude
> Qu'on repasse par habitude
> Et les yeux fermés à demi,

Celui qui semble de lui-même
Se rouvrir aux pages qu'on aime,
Ce livre-là, c'est un ami !

Un ami qui vous fait visite,
Et qui, venant sans qu'on l'invite,
Jamais ne se rend importun :
On le déguste feuille à feuille,
Ainsi qu'un fruit mûr on le cueille ;
On le hume comme un parfum.

Il n'exige pas qu'on l'admire ;
Il vous instruit sans vous le dire,
Professeur indulgent et doux,
On sent l'écrivain dans le livre ;
Il semble tout exprès revivre
Pour venir causer avec vous.

Il charme bien plus qu'il n'étonne ;
Son orgueil n'offense personne ;
Il vous maintient à sa hauteur,
On finit le vers qu'il commence ;
S'il ne l'avait écrit d'avance,
On croirait en être l'auteur.

D'autres veulent un grand théâtre,
Il leur faut la foule idolâtre
Et les chaudes ovations :
Ils cherchent les routes nouvelles
Et vous emportent sur leurs ailes
Vers les hautaines régions.

On veut les suivre dans l'espace...
Le souffle manque ; l'œil se lasse ;
On retombe tout haletant.
On rentre au logis habitable,
Et l'on retrouve sur sa table
Le livre ami qui vous attend.

Nous ne vivons pas sur des cimes ;
Craignons les poètes sublimes
Gonflés de leurs propres efforts.
Ceux qui conviennent à nos âges,
Ce sont les simples et les sages,
Et non les puissants et les forts.

Pour moi, si l'on veut le connaître,
Celui que j'ai choisi pour maître,
C'est l'homme élégant et poli
Qui fuyait les cités malsaines,
Et qui m'invite avec Mécènes
Dans sa villa de Tivoli.

Je conviendrai, pour être juste,
Qu'il flattait un peu trop Auguste,
Et que trop large était son cœur.
Mais il est maître en l'art de vivre,
Et sa bonne humeur vous enivre
Ainsi qu'une vieille liqueur.

— « Reste donc à l'abri du profane vulgaire,
En dehors, si tu veux. — Mais on ne le veut guère.
— Au-dessus, si tu peux. — Mais on ne le peut pas :
Je respire mon air et marche dans mes pas.

— Il faudrait cependant exalter sa patrie,
L'aimer victorieuse et l'adorer meurtrie ;
Il faudrait célébrer les lettres et les arts
Dominant les partis, la foule et les Césars ;
Il faudrait, remontant à la source première,
Retrouver, retremper sa foi dans la lumière,
Et puis, redescendant, penser aux malheureux,
Incliner son regard pour qu'il tombe sur eux.
Puis, enfin, je suis femme, et ta harangue écrite
Ne peut me marchander l'encens que je mérite. »

Alors à ses genoux je me précipitai,
Et par un mouvement pindarique emporté :

« Femme, sainte, je vous honore ;
« Oui, vous êtes Clémence Isaure,
« A Clémence Isaure, salut !
« J'entonne mon chant de victoire,
« Et je dédie à votre gloire
« Toutes les cordes de mon luth.

« Mais mon luth est la mandoline,
« Qui n'a pas la note divine
« Et ne sied qu'aux tendres discours.
« N'importe ! l'instrument modeste
« Sera reçu, puisqu'il en reste,
« Chez les neveux des troubadours.

« Dans cette enceinte vénérée
« A votre culte consacrée,
« On accueille, vous l'avez dit,

« La chanson... ou la chansonnette
« De ma muse... ou de ma musette ! »
L'immortelle me répondit :

« A chacun son style et sa sphère.
« Ne fais que ce que tu sais faire. »
Ce disant, elle s'envola.

Telle fut ma chanson rêvée ;
Ce matin, je l'ai retrouvée ;
Je vous l'apporte, et la voilà !

Après cette réception gracieuse, à la cour d'amour de *Clémence Isaure*, nous allons connaître le Chansonnier Patriote.

En 1870, Nadaud, quoique âgé de cinquante ans, voulut donner à sa patrie son dévouement. Il s'engagea comme infirmier, dans l'armée des Vosges, et plus tard fut versé dans l'armée de la Loire, où il rendit de véritables services.

A ceux qui le félicitaient de porter volontairement l'uniforme des *secouristes*, il avait une réponse d'une simplicité touchante : « Que voulez-vous — disait-il — on fait, comme on peut, sa petite sœur de charité ! »

Brave homme ! Si l'âge ne lui permettait plus de porter utilement le chassepot, il donnait, à son pays malheureux, son intelligence et son cœur, en soignant sur le champ de bataille et dans les hôpitaux militaires, les victimes d'une guerre homicide et folle !

C'est pendant l'année terrible qu'il écrivit plusieurs chants d'un patriotisme ardent et éclairé ; parmi ces poésies nous citons : *La Grande Blessée, La Jeune fille en deuil, Pour ma Patrie, N'oublions pas*.

Dans ses commentaires inédits, qu'il écrivit pendant la guerre, il nous fait savoir, où il écrivit sa chanson : *La Grande Blessée*, et s'exprime ainsi :

« C'était pendant la guerre, la triste guerre, j'étais
« à Besançon, logé chez Monseigneur Mathieu, le
« vieil archevêque, qui venait voir dans ma
« chambre si rien ne me manquait.

« En janvier 1871 il faisait un froid terrible, et
« le matin j'entendais la porte de ma chambre
« s'ouvrir et le vénérable prélat venait mettre
« l'allumette au bois de la cheminée.

« Dans ma carrière d'infirmier je n'ai pas tou-
« jours été si agréablement servi ni logé.

« Je me rappelle que j'écrivais *La Grande Blessée*
« sur du papier de l'archevêché que j'ai toujours
« conservé. De retour à Lyon, je la publiais. Quel-
« ques mois plus tard, M. Thiers, parlant de la
« France, employait la même expression en l'appe-
« lant *La Grande Blessée* ».

Le soldat du Christ servant le soldat de la République est un joli tableau !

De ces *Chansons patriotiques*, de G. Nadaud, où

il dépeint nos mutilations, nous citerons, de préférence, *La Jeune fille en deuil.*

Ce récit est touchant, au delà de toute expression, et il est bon de redire, et relire ces vers, écrits dans les angoisses d'une guerre sacrilège, où la folie d'un « César » n'eut d'égale que la lâcheté d'un Bazaine, et le mensonge d'un Bismark !

LA JEUNE FILLE EN DEUIL

    Pourquoi toujours en noir,
        La jeune fille ?
Elle est sans guide et sans famille ;
Voilà tout ce qu'on peut savoir.
    Toujours en noir !
Si vous lui demandez la cause
De son incurable souci,
Sur ses yeux un voile se pose ;
    Elle répond ainsi :
« Mon père est mort ; ma mère est morte.
Ce n'est pas leur deuil que je porte ».

    Pourquoi toujours en noir ?
        Son teint est pâle ;
Comme un soupir sa voix s'exhale
Et sans pleurer sait émouvoir.
    Toujours en noir !
« J'avais une sœur bien-aimée,

Mon frère était vaillant et fort.
Ainsi s'envole la fumée
    Sous le souffle du Nord.
Mon frère est mort, ma sœur est morte.
Ce n'est pas leur deuil que je porte. »

    Pourquoi toujours en noir ?
        Son front est sombre ;
C'est moins une forme qu'une ombre,
C'est moins un beau jour qu'un beau soir.
        Toujours en noir !
« J'aurais porté de cœur et d'âme
Le nom d'un époux adoré.
Je suis veuve avant d'être femme,
        Et telle resterai.
Mon cœur est mort, mon âme est morte.
Ce n'est pas leur deuil que je porte. »

    Pourquoi toujours en noir ?
        Ses yeux sont mornes.
On sent une douleur sans bornes
Dans une plainte sans espoir.
        Toujours en noir !
« Que le vent orageux m'entraîne !
Emportez-moi, flux et reflux !
O mon Alsace, ô ma Lorraine,
        Je ne vous verrai plus.
Car ma patrie est morte, morte !
Et voilà le deuil que je porte. »

Nadaud écrivit aussi ses *Notes d'infirmier*, cet ouvrage publié par Plon, en 1871, obtint une médaille d'or de la **Société Nationale d'encouragement au bien**, en 1886.

En parcourant les œuvres du chansonnier, on peut dire que sa Muse, après la guerre, se fait plus sérieuse. Il songe avec douleur à nos rêvers et dans *N'oublions pas*, sa chanson est énergique et fière ! Son amour de la patrie le portait à la revanche.

Du reste, il annonce dans *Ma Patrie*, que la France a besoin de chansons venant apporter l'espérance aux cœurs déchirés et relever les énergies de l'âme :

> N'attendez plus de moi,
> La molle poésie
> Qui d'un secret émoi
> Tenait l'âme saisie.
> O France, je t'aimais
> Jusqu'à l'idolâtrie,
> Tous mes chants désormais
> Seront pour ma patrie !

Il préconise la chanson nouvelle aux jeunes, et voilà comment le Maître la comprend, la désire, et l'enseigne :

LA NOUVELLE CHANSON

> Chanson, il faut changer de style :
> Quel ne serait pas ton honneur,

Si tu pouvais te rendre utile,
Sans perdre ton aimable humeur ?
Les ans ont blanchi notre tête,
L'orage a courbé notre corps ;
Bénis soient l'âge et la tempête,
S'ils rendent nos fils fiers et forts.

Il faut, sous un refrain frivole,
    Cacher une leçon :
    Charme, élève, console
   Et vole, vole, vole,
        Chanson !

Tu ne verseras plus à boire
A des paresseux avinés ;
Tu n'exalteras plus la gloire
Des soudards indisciplinés.
Mais chante les vertus guerrières
Des enfants qui sont notre espoir ;
Célèbre les mains ouvrières
Qui, simplement, font leur devoir.

Ne flatte plus la populace,
Ni les puissants ni les partis :
Prends la balance, prends ta place
Plus loin des grands que des petits.
Mets ton influence au service
Du droit et de l'humanité :
Tu tiens, avec le fouet du vice,
L'aiguillon de la charité.

Cours, recueillie et cadencée,
Sois la joie ou l'allégement,
L'expression d'une pensée
Ou la note d'un sentiment.
Ne crains pas de mouiller ton aile
Aux pleurs des humaines amours.
L'amour est la chose éternelle ;
L'éternel est jeune toujours.

Ne sois plus satire et scandale,
Ne sois plus le rire moqueur ;
Fais-toi conseil, fais-toi morale,
Sois saine à l'esprit comme au cœur.
Sois la lueur avant-courrière
Du jour qui vient se rapprochant,
Et, s'il se peut, fais-toi prière :
La prière est encore un chant.

Il faut, sous un refrain frivole,
    Cacher une leçon :
    Charme, élève, console
    Et vole, vole, vole,
        Chanson !

Nous avons dit, dans les premières pages, que G. Nadaud, après la guerre, avait écrit des chants élevés pour le bien social de l'humanité. En lisant *Les Amis du peuple*, nous voyons les pensers d'un esprit réfléchi

Le poète et l'homme se sont penchés, après nos

grands malheurs, sur les souffrances du peuple, et il lui donne les judicieux conseils de son expérience, sur les amis qu'il doit choisir :

LES AMIS DU PEUPLE

Peuple, ta mission est sainte
Et l'avenir est avec toi ;
Marche, sans colère et sans crainte,
Dans le devoir et dans la loi.
Mais ceux qui ne pourraient te rendre
Tout le bonheur qu'ils t'ont promis,
Tes flatteurs, crains de les entendre :
Peuple, prends garde à tes amis !

Non, tout n'est pas bien en ce monde,
Les hommes ne sont pas parfaits ;
Mais seule la paix est féconde ;
La discorde nous rend mauvais.
Redoute les tribuns farouches :
Entre tes mains qu'ont-ils remis ?
Du pain ? — Non pas... mais des cartouches :
Peuple, prends garde à tes amis !

Ils t'appellent du nom de frères
Lorsque l'orgueil fait leur fureur ;
Ils s'adressent à tes misères
Et ne parlent pas à ton cœur.

Ils calculent sur tes entrailles,
Insolents, lorsque tu gémis,
Inquiets lorsque tu travailles :
Peuple, prends garde à tes amis.

Ils disent : le peuple nous aime ;
Ils disent : le peuple est à nous ;
Réponds : le peuple est à lui-même ;
Il combat pour lui, non pour vous !
Ils vantent la blouse et l'écuelle
Quand ils sont bien gras et bien mis.
Pour eux le peuple est une échelle ;
Peuple, prends garde à tes amis !

Tu dois vaincre par les idées ;
N'attends rien du fer, ni du feu ;
Et, pour qu'elles soient fécondées,
Compte sur toi-même et sur Dieu.
Les épis jetés en semence
Par le soleil seront jaunis ;
Si tu crois à la Providence,
Peuple, prends garde à tes amis !

Le chansonnier se ralliait peu à peu aux idées républicaines (1). Il est un républicain *modéré* certainement, mais « l'orléaniste » a dû rougir du geste intéressé des d'Orléans, *réclamant leurs biens*,

(1)   **Nous aurons donc la République,**
        La liberté, ce grand principe !

après la perte de deux de nos provinces, et une indemnité de guerre de cinq milliards.

Et si Nadaud n'était pas *rouge* de ce *soleil levant,* comme toute âme éprise d'idéal et de justice, le *citoyen* allait vers la lumière !

Nous avons eu quelques aperçus de la vie agitée et pleine d'imprévue du chansonnier.

« Il allait, de l'est à l'ouest, du midi au centre, mais, invariablement aussi, et fidèlement, il revenait au nord, sa patrie ! heureux de revoir sa famille et ses nombreux amis, soit de Roubaix, Lille ou Douai ».

Dès son retour de la *Villa Pandore* (1), à Nice, où il passait tous les hivers, il touchait Paris, et gagnait Roubaix.

Inutile de dire combien était attendu et fêté ce retour du Trouvère !

Une fois dans son pays, dans les joies de ce retour à la terre natale, au foyer des anciens, dans ce qui sera toujours exquis et cher, *les Souvenirs d'enfance,* Nadaud faisait vibrer sa lyre aux échos de son cœur et saluait *son vieux clocher,* par ces vers d'une grâce touchante :

(1) Ou Villa Noël.

MON CLOCHER

> Salut ! je te revois encore
> Aussi pauvre, mais plus touchant,
> Mon clocher d'ardoise que dore
> La pourpre du soleil couchant !
> etc...

plus loin il continue ainsi :

> Tu rends la mémoire présente
> De l'âge où ton cadran poudreux
> Marquait l'heure rapide ou lente
> De nos leçons ou de nos jeux.
> etc...

Maintenant écoutez les vers suivants, d'une philosophie pleine de sagesse et de douceur ; nous citons le couplet entier :

> C'est que tu liens à l'âme émue
> Le livre ouvert du souvenir ;
> Toujours ton aspect y remue
> Quelque rêve près de finir
> C'est qu'après une longue absence,
> Je retrouve, sans les chercher,
> Quinze ans de paix et d'innocence,
>   Mon vieux clocher !

et ce poème est une des œuvres les plus vécues du Poète.

Une autre fois, il célébrera *sa maison*, et toujours il nous donnera une fleur de sa pensée, où son âme chantera délicieusement de bons vers, comme ceux-ci, par exemple, pris dans : *Ma maison*.

> Oui, tout me charme et me pénètre
> Dans ce coin de terre et de ciel,
> Si j'étais fleur, j'y voudrais naître,
> Abeille, j'y ferais mon miel.
>
> Rossignol, je serais fidèle
> Aux échos de ce site ombreux,
> Et je nicherais, hirondelle,
> A l'angle de ce toit heureux.
>
> Pourquoi ? je m'en vais vous le dire,
> Et vous me donnerez raison :
> Ce site et ce toit que j'admire,
> C'est mon pays, c'est ma maison.

Et tout cela est beau, parce que c'est le reflet d'une âme demeurée *simplement bonne*, malgré la gloire et les succès.

Nadaud n'avait ni orgueil ni pédanterie; il aimait ses confrères en chansons, ses compatriotes, ses amis; il eut une correspondance suivie avec Manso, le poète Roubaisien, affectionnait particulièrement Desrousseaux, le chansonnier patoisant Lillois, l'auteur de cette célèbre berceuse populaire : *Le Petit-Quinquin.* A Paris il aimait à chanter avec les amis de la Lice et du Caveau; à l'exemple de Béranger, il stimulait les jeunes, encourageait les efforts; enfin, dans une pensée philanthropique et de solidarité mutuelle, il fonda, après la fameuse publication de ses œuvres illustrées, la *Petite caisse des Chansonniers,* dont les fonds servaient à faire éditer les auteurs pauvres, à secourir les uns, à pensionner les chansonniers vieux et infirmes.

Cette petite caisse, il l'alimenta seul pendant dix ans, c'est-à-dire, jusqu'à sa mort.

Ce n'est pas tout, ses traits de bonté ne s'arrêtent pas là, et la liste serait longue s'il nous fallait énumérer tous les bienfaits; cependant, il faut que l'on sache qu'il édita les œuvres du chansonnier *Eugène Pottier,* ancien membre de la Commune, auteur de l'*Internationale.* Nadaud écrivit même une charmante préface se terminant ainsi :

> Si l'abeille ouvrière humaine,
> Veut aller sous un autre ciel,
> Le travail commun la ramène
> A la ruche où se fait le miel.
> Quand un essaim d'oiseaux s'égare,
> La mère les rappelle au nid :
> La politique nous sépare
> Et la chanson nous réunit.

Ces derniers vers nous montrent l'esprit large du chansonnier.

Rien d'extrême, pas de sectarisme ni d'esprit dogmatique chez lui ; il était bien loin de penser, comme certains groupes, qui répudient ceux qui ne sont pas inféodés à leurs principes ; car certains politiciens, qui se disent démocrates, ne sont que des despotes et retardent la marche en avant de ceux qui viendraient à eux s'ils étaient traités avec plus de condescendance dans les rapports politiques et sociaux. Méfions-nous des extrêmes, en général, ce ne sont que des esprits brouillons ; à ceux-là nous préférons, comme Nadaud, la politique du juste milieu. Aimons la France, comme le poète, ainsi qu'il le dit dans les *Contes et Récits d'un vieux Roubaisien* : « aux politiquants, politiqueurs, politiciens » :

La France est notre amante immuable immortelle,
Mais vous l'aimez pour vous, et nous l'aimons pour elle.

Paroles de poète, dira-t-on, oui, mais n'oublions pas que le poète ne calcule qu'avec son cœur !

Nadaud édita donc les œuvres d'Eugène Pottier, « qui était très malheureux et que son parti laissait dans l'ombre. Il édita aussi les œuvres de D. Flachat, Janin, Dubois et enfin celles d'*Ernest Chebroux*, qu'il avait choisi pour être, après sa mort, son exécuteur testamentaire, car il admirait, avec juste raison, le vigoureux talent du chansonnier, et avait mis en lui toute sa confiance, pour combattre et enrayer les refrains dépravés.

E. Chebroux a tenu parole ; l'on ne saurait trop le louer d'avoir flétri la chanson du ruisseau, car on recrute de nos jours, pour les laboratoires de l'obscène chanson, hommes et femmes (principalement ces dernières) auxquels on apprend un répertoire que réprouve toute morale, « et dont le succès tient surtout au costume suggestif de l'interprète féminin, qu'à un semblant de talent ». Une fois les chansons et les *gestes* appris, cet *oiseau* de passage ira semer dans des salles de province et de l'étranger le virus malsain d'une littérature pornographique !

Alors, et d'après ces colporteurs, l'étranger jugera notre littérature et nos mœurs ! C'est une honte et l'on devrait y veiller en haut lieu avec plus de souci ; pour notre respect national, c'est un devoir !

Nous nous excusons de cette digression, et nous nous empressons de revenir au parfum plus agréable de la Muse du poète.

De la préface que Nadaud rima pour les « Chansons et sonnets » (1885), d'Ernest Chebroux, comme elle honore autant celui qui l'écrivit que celui qui la mérita, nous nous plaisons à en reproduire les derniers vers :

Va donc, charmant petit volume,
Par le vent laisse-toi bercer
Comme le papier sur la plume
Qui vole, mais pour se fixer.
Ensemble, nous cherchons la place
Où doivent mûrir nos moissons,
Entre tes plis prend ma préface,
Ma chanson parmi tes chansons.

Chantre du printemps et des roses,
De la nature et du foyer,
Tu ne dis que de bonnes choses
Pour toucher ou pour égayer.
La muse des anciens trouvères
T'a donné ses douces leçons.
Alternons, en touchant nos verres,
Ma chanson avec tes chansons.

N'est-ce pas charmant ?

En dehors des publications des œuvres des poètes la *petite caisse des Chansonniers* rendit d'autres services, elle donna et permit un sourire, une joie aux pauvres chansonniers échoués dans les hospices, comme nous le disions plus haut : il y en avait à Bicêtre, Ivry, etc., tous ayant eu leur heure de popularité dans la chanson.

Ernest Chebroux, comme directeur, était chargé de distribuer les fonds ; il le faisait équitablement, mais avec prévoyance pour le lendemain, c'est alors que G. Nadaud le traitait d'avare ; et ces petites querelles du cœur étaient charmantes, entre ces deux hommes, dont l'un eut voulu tout donner aux misères du jour, et dont l'autre prévoyait celles *du lendemain.*

De Nice, Nadaud écrivait ces vers à son ami :

> Admets que j'ai une maîtresse
> Et que j'en sois fort amoureux,
> Pour reconnaître sa tendresse
> Je voudrais être généreux.
> etc...

et il termine ainsi :

> Or, la chanson, c'est ma maîtresse
> Seule et dernière ; je peux bien,
> Pour la tirer de la détresse,
> Donner la moitié de mon bien.

Brave cœur ! alors Ernest Chebroux, chaque mois, envoyait aux chansonniers hospitalisés une petite pièce d'or :

C'était pour les pauvres vieux le tabac, le journal et même le petit verre ou le café assuré... la « consolation » quoi ! Et toutes ces anecdotes de la vie de Nadaud ne sont-elles pas touchantes ?

Nadaud était bon sans ostentation, et ne se faisait aucune illusion sur la reconnaissance de ceux qu'il avait obligé.

Il savait, par expérience, *que lorsque l'on fait du*

bien aux gens, il faut s'attendre, le plus souvent, à de l'ingratitude; sachant que l'on ne peut rien changer aux lois humaines, il avait écrit ce joli quatrain, qui n'est pas connu :

> Semons, semons sans espérance
> Les bienfaits qui font les ingrats ;
> La vertu ne me touche pas
> Quand elle attend sa récompense.

Est-ce assez joli comme trait d'ironie et de philosophie ?

ANECDOTE

SUR LA ROSETTE D'OFFICIER, DE NADAUD

ANECDOTE

SUR LA ROSETTE D'OFFICIER, DE NADAUD

Pendant la Présidence de M. Jules Grévy, Gustave Nadaud reçut une invitation à déjeuner du chef de l'Etat, lequel prisait fort l'esprit et le talent du chansonnier Roubaisien.

Nadaud se rendit à l'invitation présidentielle, où se trouvaient quelques invités amis.

Au dessert, alors que la conversation prend une tournure plus intime, après quelques anecdotes et quelques chansons demandées, par Jules Grévy, à Nadaud, qui s'était exécuté avec sa bonne grâce habituelle, le Président de la République dit au chansonnier :

— Mon cher Poète, je tiens à vous annoncer moi-même que, disposant d'une rosette d'officier de la Légion d'Honneur, vous serez compris, dans la prochaine promotion, pour cette distinction, car vous représentez et honorez d'une façon aussi distinguée que spirituelle, les lettres et la chanson française (!)...

A ce moment, un convive se leva et, interrompant le Chef de l'Etat, lui dit :

— Mais, monsieur le Président, vous oubliez, fâcheusement, pour notre ami, que cette rosette est déjà promise !

Le Chef de l'Etat fut, on le conçoit, légèrement interloqué ! mais immédiatement, à seule fin de faire cesser la situation gênante qui allait régner, il se tourna gracieusement vers le chansonnier-poète et lui dit :

— Toutes mes excuses, mon cher Nadaud, j'avais en effet oublié cette disposition, mais ce n'est que partie remise, croyez-le bien.

Nadaud remercia, s'inclina et sourit.

Mais il mourut sans cette rosette !

Ce monsieur, qui s'était ainsi interposé, n'était autre que *Wilson*, et cette croix promise à Nadaud, par le Président de la République, alla fleurir la boutonnière du célèbre journaliste Aurélien Scholl.

Cette anecdote fut contée par Nadaud, lui-même, à son ami Ernest Chebroux, duquel nous la tenons et qui s'écria, avec son esprit boulevardier :

« Ah ! quel malheur d'avoir un gendre ».

Nous allons arriver maintenant à la dernière étape de notre ouvrage, aux derniers jours et derniers moments du chansonnier, qui incarnait si bien les qualités de notre race, c'est-à-dire la loyauté, l'esprit et la générosité.

Pour fermer les yeux de l'aïeul, c'est aux mains

du fils qu'appartient ce geste lent, respectueux, en même temps qu'il est de grandeur et d'amour !

Devant l'émotion, très sincère, que nous ressentons en arrivant aux dernières heures du poète, l'on comprendra facilement le sentiment qui nous anime, en laissant à *Ernest Chebroux*, l'exécuteur testamentaire de Nadaud, le soin pieux de terminer cette vie du chansonnier, et de nous apprendre quelles furent les dernières paroles du maître en même temps que ses actes ultimes.

Ils furent grands, et remplis d'une simplicité digne, ainsi qu'on le verra, par le langage expressif de son ami :

« Chaque année l'exquis poète, que fut Gustave
« Nadaud, prenait, avec les hirondelles, son vol
« vers les pays bleus, et revenait avec les brumes
« messagères du printemps, dès qu'avril avait mis
« un peu de vert aux buissons.

« Cette année (en mars 1893), sur la promesse
« trompeuse de ce mois, il avait quitté Nice plus
« tôt.

« Nadaud, d'ailleurs, n'aimait pas les séjours
« prolongés dans le même endroit ; s'il faisait ex-
« ception en faveur du pays ensoleillé, c'est que
« sa santé l'y obligeait.

« Il s'était peint lui-même en ce distique :

Je suis né voyageur, je cours de toutes parts,
Enchanté quand j'arrive, enchanté quand je pars.

« Avant de se plonger dans la fournaise pari-
« sienne, Nadaud était allé, ainsi qu'il en avait
« l'habitude, respirer l'air du pays natal.

« Il resta peu à Roubaix, juste le temps d'em-
« brasser les siens et de contracter, hélas, le germe
« de cette maladie de poitrine qui devait l'empor-
« ter si rapidement. C'est au sortir d'une soirée
« où il avait promis de se faire entendre, que le
« poète, déjà malade, prit froid et s'alita pour ne
« plus se relever. »

Déjà, Nadaud, trois ans avant, avait envisagé sa
fin prochaine, ainsi qu'en témoigne l'extrait suivant, d'une *lettre inédite* que M. Ernest Chebroux
a bien voulu confier à notre travail ainsi que les
dernières volontés du chansonnier, que l'on trou-
vera à la suite de ce premier document :

Extrait d'une lettre de Gustave Nadaud à Ernest Chebroux.

Villa Noël Cimiez, Nice.

29 mars 1890.

...« Maintenant, mon cher Chebroux, je te dirai
« que je vais faire mon testament et j'inscris sur
« la page suivante mes dernières volontés :
« Je désire, quand je mourrai, que le service

« religieux soit fait à l'endroit ou je mourrai et que
« mon corps soit transporté au cimetière Mont-
« martre, dans le caveau où reposent mon père et
« ma mère.

« Pas de discours et surtout pas de souscription
« pour un monument.

« Il se peut que je meure d'un moment à l'autre
« et j'écris ces lignes pour que tu puisses t'opposer
« à des propositions qui ne me conviennent pas,
« et je signe,

« G. Nadaud. »

« Ceci aurait, le cas échéant, la valeur d'un testa-
« ment ; il faudra que tu gardes cette lettre à cause
« de mes dernières volontés.

« G. Nadaud. »

Dernières volontés de Gustave Nadaud écrites le 7 avril 1893 (Document publié pour la première fois, in extenso).

« Je renonce à la chanson.
« Quand France a cessé de rimer avec Espé-
« rance l'alouette vieillie se tait ; mais je n'ai pas
« renoncé à m'intéresser à la chanson, ni aux
« chansonniers, et c'est à toi, ami Chebroux, que
« je désire laisser le soin de répartir la somme
« de : 1.600 francs entre les Sociétés :

Le Caveau.	300 francs
La Lice chansonnière	300 »
Le Caveau Lyonnais.	200 »
Le Caveau Stéphanois	200 »
La Lyre Bienfaisante	100 »
Les Enfants du Nord.	100 »
Les Fils des Trouvères.	100 »
MM. Lionnet frères	200 »
Dominique Flachat	100 »
	1600 »

« G. Nadaud.

Il a été versé en outre par les soins de Chebroux, au Bon-Bock.	200 »
Lepers, artiste	100 »
R. Pausard, chansonnier . .	100 »
E. Legentil, id.	100 »

(Ces dernières sommes provenaient de la *Petite Caisse des Chansonniers*).

Dernières paroles : 27 avril 1893, veille de la mort du poète : « Je désire que tout soit fait dans la plus grande simplicité : qu'on n'envoie pas de lettres de faire part, pas non plus de discours. Pas d'honneurs militaires. Pas de souscriptions pour un monument. »

Le lendemain le poète expirait.

Après ces touchants souvenirs d'*Ernest Chebroux*, nous allons achever cette étude, avec nos renseignements personnels.

Pendant cette congestion pulmonaire, sur laquelle vint se greffer l'influenza, G. Nadaud eut à son chevet l'aînée de ses sœurs, Mme Wacrenier, (décédée *un mois avant* notre excellent ami, Ernest Chebroux, c'est-à-dire en novembre 1910) qui entoura son frère d'un tendre dévouement, et d'une pieuse affection ; *l'abbé Fabre*, ancien curé de Charenton, qui venait d'être nommé évêque de la Réunion, et avec lequel Nadaud entretenait depuis longtemps de cordiales relations, accourut auprès de son ami, pour lui administrer les derniers sacrements. Après qu'il les eut reçus, Nadaud fit alors venir ses amis, qui s'étaient discrètement retirés, et leur dit : « Je tiens à ce que vous sachiez que je meurs en chrétien, mais aussi en chansonnier ». Et *Nadaud but une coupe de champagne.*

Il donnait ainsi, à la *déesse Chanson*, une dernière pensée de reconnaissance et d'amour, un dernier salut à la Muse aimée.

Si le premier geste honore l'âme chrétienne de G. Nadaud, le second honore, une fois plus, l'esprit du Chansonnier ; tel est notre avis, et ce *geste*, plein de caractère, appartient à l'histoire de la chanson. Il faut le *dire*, et non le *taire !* Gustave Nadaud mourut en son domicile de Passy, le 29 avril 1893. Nous apprenions la mort du poète étant à Madrid et dans notre petite société littéraire nous fûmes tous très émus de cette triste nouvelle !

On sait que le Poète avait refusé toute pompe, mais nombreux étaient les amis du défunt, qui se pressaient, le 1ᵉʳ mai, dans l'Eglise Notre-Dame de Grâce de Passy. En dehors des sociétés littéraires de Paris et du Nord, des Revues, etc., voici quelques noms de personnalité des lettres et des Arts qui vinrent honorer une dernière fois le Poète de leur fidèle amitié.

MM. *Jules Barbier* (qui, le premier, lui avait ouvert les portes de son salon), *Rodin, Carolus Durand, Maxime Boucheron, Ricard Jean, Saint-Germain, Les frères Lionnet, Octave Pradels, Coquelin Cadet, Lemaire, Heugel, Louis Noël, Meusy, Oscar Comettant, de la Berge, Eugène Baillet, Desrousseaux fils, Ernest Chebroux*, etc.

« Des artistes de Roubaix chantèrent des morceaux religieux, et l'orgue joua, en sourdine, plusieurs refrains des plus populaires chansons de Nadaud » ; et ces mélopées musicales émurent vivement tous les assistants, car c'était l'âme du chansonnier qui exhalait son dernier soupir !...

Les cordons du poêle étaient tenus par : Ernest Chebroux, Saint-Germain, Jules Barbier et Rodin.

Le cortège funéraire se dirigea au cimetière Montmartre « où, tout secoué de sanglots, Ernest Chebroux murmura quelques mots entrecoupés : « Adieu, bon et cher ami... Adieu, Nadaud... Adieu, chansons » (1).

(1) *La Revue du Nord,* 15 mai 1893.

Gustave Nadaud ne désirait pas de souscriptions pour un monument, mais la ville de Roubaix tenait à l'honneur de perpétuer le souvenir de son illustre concitoyen dans les temps futurs. Un comité fut constitué par les amis et admirateurs de Nadaud, et trois ans après sa mort, le 11 octobre 1896, la ville de Roubaix, en fête, inaugurait au parc Barbieux un splendide monument, élevé à la mémoire d'un de ses enfants, qui avait honoré les lettres et illustré son pays, œuvre du grand sculpteur Roubaisien M. *Cordonnier*, et de l'architecte de la ville, M. *Lefebvre*.

Pour cette résurrection du Poète, le succès dépassa les espérances de tous, et nous ne pouvons mieux faire, pour donner une idée de cette solennité, que reproduire les échos des journaux, nous donnant le nom des personnalités qui y prirent une part effective, ainsi que les vibrants discours qui furent prononcés après l'exécution d'une cantate, et la remise du monument à la ville.

Nous devons à l'obligeance du directeur du *Journal de Roubaix*, les manuscrits suivants, et lui adressons, ici, tous nos remerciements.

INAUGURATION
DU MONUMENT NADAUD

LES DISCOURS

INAUGURATION
DU MONUMENT NADAUD

LES DISCOURS

—

*Discours de M. Roger Marx
délégué du Ministre des Beaux-Arts.*

M. Roger Marx, en qualité de président, a pris le premier la parole :

Il exprime les regrets de M. Rambaud dont la venue a été empêchée au dernier moment ; au nom de M. le ministre des Beaux-Arts qui l'a délégué, M. Roger Marx remercie le Président du comité Nadaud, M. Bossut, « dont le zèle infatigable a été au-dessus de tout éloge », la municipalité de Roubaix, et il loue l'œuvre commune de M. Cordonnier et de M. Lefebvre.

L'accueil favorable qui a été fait au monument, avant même qu'il soit inauguré et à une époque où l'on se plaint de l'affluence des statues, vient, selon

M. Roger Marx, de ce que le chansonnier continue au delà de la tombe à vivre en communion avec l'âme populaire.

« En France, la prédilection pour la chanson est un signe du besoin de gaieté, d'expansion propre au tempérament et à la race. »

« Aussi ne manque-t-on pas de glorifier ceux auxquels sont dus les refrains aimés de tous les âges, de toutes les classes : plus que partout ailleurs, dit M. Roger Marx, en terminant, l'hommage rendu à un chansonnier était logique dans une ville industrielle, ouvrière telle que Roubaix, où la bienfaisante chanson, la chanson de Béranger et de Gustave Nadaud vient si souvent ragaillardir l'âme de l'ouvrier de fabrique et adoucir son effort dans l'accomplissement de la rude tâche quotidienne. »

Des applaudissements prolongés qui se répercutent de rang en rang dans l'assistance saluent la fin du discours de M. Marx.

Le silence s'étant rétabli, M. Henri Bossut, avec l'émotion de l'ami qui parle de l'ami qui lui a été enlevé, prononce le discours suivant, dont plusieurs passages sont soulignés par les applaudissements des auditeurs.

Discours de M. Henri Bossut,
président du comité Nadaud.

« Messieurs. Ma première parole sera un remercîment à M. le ministre de l'Instruction publique et des Beaux-Arts qui a bien voulu déléguer M. Roger Marx, inspecteur général des Musées, pour présider la cérémonie de l'inauguration du monument érigé à la mémoire du grand chansonnier Nadaud. Notre comité qui avait eu la promesse du concours de M. le Préfet du Nord, regrette son absence forcée et associe M. Roger Marx et M. Letailleur, secrétaire général de la préfecture qui représente M. Vel-Durand, dans l'expression d'un même sentiment de gratitude. »

« Messieurs, si les états, les villes et les villages s'honorent d'avoir donné naissance à des hommes remarquables par leur supériorité, à des hommes célèbres, à de grands hommes, s'ils leur élèvent des statues et des monuments, n'est-il pas vrai de reconnaître, Messieurs, que cet hommage ne s'adresse pas toujours à l'époque où nous vivons, pas plus d'ailleurs que dans les âges qui nous ont précédé, aux hommes qui les méritent mais plutôt aux idées ou aux partis qu'ils représentent.

« Aussi, avons-nous le regret de voir, comme une sorte de conséquence de ces écarts de l'opinion publique, que des hommes tels que Alfred de Musset, de Balzac et tant d'autres, que vous avez nommés avant moi, n'ont pas leurs images, leurs traits et leurs titres reproduits sur nos places publiques à l'adresse de la postérité et voués au jugement de l'histoire.

« Heureusement pour l'honneur d'une cité qui tient le premier rang dans l'industrie et le commerce par son esprit d'initiative, par son travail et son intelligence pratique, les amis de Gustave Nadaud, aidés par l'administration municipale qui nous a donné ce magnifique emplacement avec une allocation de 2 000 francs, encouragés par une subvention du Conseil général du Nord, appuyés par le Gouvernement de la République dont le ministère des Beaux-Arts nous alloue généreusement une somme de quatre mille francs, ce dont notre comité tient à exprimer sa reconnaissance, heureusement, disais-je, les nombreux amis de Gustave Nadaud ont senti battre leur cœur à la mort de leur cher et célèbre concitoyen et ils ont pensé qu'il était de leur devoir d'élever à notre chansonnier, poète et musicien, un monument digne de lui, couronné de son buste et propre à immortaliser sa mémoire.

« Dès lors, Messieurs, un concours a été organisé qui a réuni des sculpteurs et des architectes de grand talent dont les œuvres, exposées à l'École Nationale des Arts Industriels de notre ville, ont été admirées par le public et jugées par un jury spécial sous le contrôle de deux délégués du gouvernement, MM. P. Lefort et Roger Ballu. C'est l'œuvre commune de deux enfants du Nord, M. A. Cordonnier, de Lille, sculpteur éminent dont la réputation grandit toujours, et de M. Charles Lefebvre, de Roubaix, trois fois lauréat des concours de Dunkerque, de Roubaix et de Lyon, dont le mérite assure l'avenir, c'est leur brillant ouvrage que nous sommes fiers d'inaugurer aujourd'hui.

« Il nous semble, Messieurs, que l'aspect de notre monument cause, au premier coup d'œil, une impression exacte et vivante de l'homme qui a chanté la jeunesse ; il fallait, en effet, à Nadaud, la simple nature : les oiseaux et les fleurs, le grand air et le soleil. Grâce à Dieu, son buste souriant nous dit qu'il est à sa place et qu'il en est content.

« On a publié tant de biographies de notre concitoyen que celui qui a l'honneur de vous en parler en ce moment cherche ce qu'il doit en dire après ce qui a été dit, écrit ou chanté sur lui, sur ses débuts, ses succès, sa vie et sa mort.

« Il nous paraît cependant utile de rappeler ici, en face de ce monument et en cette circonstance, que Gustave Nadaud est né à Roubaix, en 1820, d'une famille amie des choses de l'esprit et du cœur ; son père était un négociant ou plutôt un mathématicien ardent chercheur peu apte au négoce ; cependant Gustave Nadaud, après avoir fait ses études au collège Rollin où il eut des succès, où tous ses condisciples étaient ses camarades et où tous les Roubaisiens étaient ses amis, tenta, quelques années après sa sortie du collège, les difficultés du commerce pour lequel il n'était point fait ; il en a essayé, sans succès, par esprit d'origine et par sentiment du devoir.

« Disons en ce moment que notre poète a bien fait d'abandonner cette carrière ; il n'était pas né pour les bénéfices du négoce ; il n'a jamais aimé l'argent, pas plus qu'il n'a jamais aimé la politique et les grandeurs.

« Reprenant possession de lui-même et fort d'une indépendance qu'il a toujours su garder, il s'est adonné à ses goûts naturels, et ses premières chansons du quartier latin réjouissent parfois encore nos oreilles, malgré leur hardiesse, atténuée et adoucie d'ailleurs, par une séduisante musique dont les refrains ont été si populaires. On ne saurait reprocher ces petits péchés de jeunesse au chansonnier qui a donné dans la suite de son existence laborieuse tant de leçons de saine morale mêlée de bon sens et de gaieté gauloise.

« Messieurs, Gustave Nadaud était un croyant de naissance et d'éducation, il possédait tout simplement une vertu qui est d'autant plus belle qu'elle est rare : je veux dire l'indulgence. Il a signalé et flétri sans aigreur les vices de son temps, l'égoïsme surtout ; ses vers ont été vifs, incisifs, si vous le voulez, mais vrais avant tout ; jamais il ne s'est abaissé à la calomnie ; il riait de sa médisance et, en blâmant les actes, il respectait les personnes. Sa philosophie, à mesure que son esprit s'élevait, jugeait bien des travers et son but était de corriger sans blesser. Voyez, Messieurs, avec quel tact et avec quelle mesure, dans les « Deux Gendarmes » qui ont fait le tour du monde, il a su conserver, quoi qu'on en puisse penser, le respect de la discipline et de l'autorité, tout en plaisantant, tout en forçant le trait jusqu'à l'aveuglement, et, s'il est permis de s'exprimer ainsi, jusqu'à la surdité de l'obéissance quand même.

« Les maîtres de notre chansonnier-poète n'ont pas été Désaugiers, Béranger ou Pierre Dupont ; ce n'est point d'eux que son talent procède ; c'est à notre Lafontaine qu'il a demandé la simplicité du bon sens ; c'est à Tibulle qu'il doit la forme de son talent plein de charme et d'abandon ; c'est Horace qui lui a inspiré ses plus justes et plus fortes pensées ; c'est Anacréon qui lui a soufflé sa verve enchanteresse et qui lui a dicté la concision et la légèreté de son style.

« Je vous supplie, Messieurs, d'excuser cette involontaire exagération ; veuillez la regarder comme l'effet d'un sentiment plus fort que la raison même ; c'est une amitié de plus d'un demi-siècle qui vous parle et qui croit à la vérité de son admiration autant qu'elle croit à la durée des œuvres de notre poète et chansonnier roubaisien.

« Laissez-moi maintenant, Messieurs, vous marquer quelques traits de la vie intime et du caractère de Gustave Nadaud ; il était l'ami des petits et des humbles et il allait droit à ceux qu'il voulait consoler dans leurs jours malheureux ; il offrait alors de leur dire ou de leur chanter tout ce qui pouvait posséder le don de les distraire de leurs tristes pensées et il touchait délicatement la corde qui fait revivre. Croyez-en, Messieurs, celui qui vous le dit pour en avoir senti le souffle bienfaisant. Si Nadaud aimait les faibles, il n'a jamais recherché les grands, quoi qu'on ait pu dire, et il n'a jamais, que je sache, fait antichambre.

« A deux pas de ce parc splendide il était un cabaret nommé le Créchet (du nom d'une petite lampe de l'ouvrier tisserand) où tous les soirs, lorsqu'il habitait Roubaix, Gustave Nadaud se rendait avec quelques amis ; là, il les égayait de sa verve inépuisable, toujours égale à elle-même, simple et naturelle, vive et spirituelle ; il fredonnait à l'aller et au retour, les jours de pluie ou de soleil, tout le long d'un petit sentier, ses aimables couplets en marchant sur ces vieilles dalles que n'ont pas oubliées ses contemporains. Son esprit fin était profondément observateur et s'il voyait grand dans ses étude humaines, il s'intéressait aux infiniment petits dans les choses de la nature, rien ne lui échappait de ce qu'il voyait sur son chemin ; sous la feuille, dans les herbes, sur les fleurs, dans les arbres et dans les cieux, aux fenêtres des maisons, sous le chaume des ouvriers qu'il aimait et dont il était aimé. Il y a trouvé le fonds de ses meilleures compositions. Nadaud avait le cœur bon et tendre ; demandez-le, Messieurs, à ses deux excellentes sœurs qui l'ont entouré jusqu'à sa dernière heure de tant de soins et d'affection.

« Je me garderai bien de passer sous silence, comme il eût fait, sa donation au musée de la ville de Roubaix de cette collection de dessins, unique par leur nombre, par leur genre et leur variété, signés des noms de nos meilleurs peintres et offerts par eux à mon ami Nadaud pour illustrer l'édition in-folio de ses œuvres choisies.

« D'autres pourront mieux que moi énumérer ses œuvres, ses chansons, ses jolis poèmes, ses idylles, je me suis borné à puiser dans mes souvenirs d'enfance, dans les douces heures de mon âge mûr et dans les regrets de ma vieillesse les titres d'un ami dont le talent sera de plus en plus apprécié tant qu'il y aura dans le monde de bonnes et belles choses à chanter ou à dire et des cœurs pour les comprendre. Pour terminer, Messieurs, ce trop long discours par une parole simple et vraie : Dieu a donné à Nadaud, outre les dons qui l'ont fait poète, les qualités qui caractérisent l'honnête homme et qui font l'homme de bien.

« Messieurs, au nom et comme président du comité Nadaud, j'ai l'honneur de remettre à M. le maire de la ville de Roubaix, la possession du monument que nous inaugurons aujourd'hui. Je remplis un agréable devoir en offrant nos remercîments à tous ceux qui ont contribué à la solennité de cette fête populaire ; notre comité tient à cœur de féliciter particulièrement M. Julien Kozzul, auteur de la musique, et M. J. Rosoor, des paroles de la cantate que nous avons applaudie tout à l'heure, ainsi que cette nombreuse et vaillante société chorale qui porte le nom tant aimé de Nadaud, et notre musique municipale, la Grande Harmonie de Roubaix, qui, dans les luttes artistiques, peut compter ses victoires par le nombre de ses batailles. »

Les applaudissements redoublent quand M. Bossut a fini de parler. Il reçoit les félicitations de ses voisins et de la famille Nadaud.

M. le président donne alors la parole à M. le maire de Roubaix. M. Desobry, adjoint, en l'absence de M. Carrette retenu par la maladie, le remplace et s'exprime ainsi qui suit :

Discours de M. A. Desobry, adjoint au maire de Roubaix.

« Messieurs, au nom de l'administration municipale que je représente ici, je vous exprime toute ma gratitude en reconnaissance de l'heureuse initiative que vous avez prise en vue d'arriver, au moyen d'une souscription publique, à ériger le beau monument que vous venez d'offrir à la ville de Roubaix.

« Aussi nous l'acceptons avec empressement. Nous estimons, avec vous, Messieurs, que Gustave Nadaud est digne de passer à la postérité, que cet enfant de Roubaix était un chansonnier de premier ordre, dont les œuvres sont universellement répandues.

« Soyez persuadés, Messieurs, que nous nous appliquerons à assurer la conservation de ce travail d'art dû à deux artistes du Nord : M. Lefebvre, architecte et roubaisien, M. Cordonnier, sculpteur de Lille, à qui j'adresse mes plus vives félicitations.

« Je me résumerai en disant que ce monument perpétuera le souvenir du talent si remarquable de Gustave Nadaud et des deux artistes distingués que j'ai nommés.

« Je termine en exprimant les remerciements de l'administration municipale à M. Roger Marx, délégué de M. le ministre des Beaux-Arts, et à M. Letailleur délégué de M. le préfet du Nord, dont la présence honore la ville de Roubaix tout entière et rehausse l'éclat de la cérémonie d'inauguration du monument élevé à la mémoire de Gustave Nadaud, le célèbre chansonnier roubaisien. »

Nouveaux applaudissements après le discours de M. Desobry. Sur l'invitation de M. Marx, M. Achille Scrépel, sénateur, prend à son tour la parole : voici le texte de son allocution :

Discours de M. A. Scrépel, sénateur.

« Pour la première fois, Roubaix, la grande cité industrielle, a l'honneur d'élever un monument à l'un de ses enfants, à celui qui, par son génie, fut non seulement le Grand Roubaisien, mais un illustre Français.

« Les éloquentes paroles que vous venez d'entendre vous ont tracé si complètement la vie et l'œuvre de G. Nadaud que la place n'est plus aux grands discours.

« Mais, comme enfant de Roubaix, ami de Nadaud, je demande à dire quelques mots dans une circonstance si solennelle ; mon cœur a besoin de parler à ce vieux camarade dont l'art du statuaire a reproduit les traits bienveillants et sympathiques, et lui dire : Gustave, toute la ville est en fête, toutes les mains s'entrelacent, les cœurs battent à l'unisson, et, dans un élan indescriptible, tes concitoyens te regardent, te saluent.

« J'ai connu Nadaud dès son enfance ; il était doux, affable, bon, tendant volontiers la main à la souffrance ; il aimait le peuple et le peuple, qui sait reconnaître les siens, lui rend aujourd'hui ses hommages respectueux. Que son estimable famille, que ses nombreux amis doivent être heureux en ce jour de fête, en voyant toute une population enthousiaste acclamer la mémoire du grand chansonnier, du poète enchanteur.

« C'est bien là la récompense la plus honorable, la plus digne, celle qui doit aller au cœur de la famille, comme elle va au cœur de ses nombreux amis. Permettez à celui qui fut son ami, au sénateur, de proclamer bien haut, devant cette brillante réunion et devant la famille Nadaud, ces paroles de reconnaissance : Nadaud, la ville de Roubaix n'oublie pas son enfant ; elle te voue à l'éternelle admiration de tes concitoyens. »

Les applaudissements de l'assistance retentissent quand M. Scrépel a terminé.

Un cri de « Vive le sénateur » se mêle aux bravos.

La parole est ensuite donnée par le président à M. Félix de Monnecove, président des « Rosati », qui prononce le discours suivant :

Discours de M. Félix de Monnecove.

« Les Rosati ont à cœur d'apporter à Gustave Nadaud le tribut de leur admiration et de leur sympathie, le jour où la ville de Roubaix décerne un éclatant hommage à l'un de ses enfants les plus illustres parmi ceux qui l'honorent et qui flattent son légitime orgueil, et où le statuaire Cordonnier, l'un des nôtres, et Lefebvre, architecte du gouvernement, dévoilent devant tous l'œuvre resplendissante que nous saluons aujourd'hui.

« Né dans une cité laborieuse entre toutes, Nadaud devait débuter dans la vie comme on y débute généralement parmi vous ; il fut d'abord travailleur et commerçant. Mais sa vocation l'entraîna, et, dès qu'il se sentit inspiré, il ouvrit se ailes et se mit à chanter.

« Poète avant tout et poète aux conceptions ingénieuses, il s'adonna presque exclusivement à la chanson, et, dans ce pays où la chanson a partout un droit de cité dont tant d'hommes de talent maintiennent la tradition, il fut vraiment le chansonnier populaire.

« A ce titre, Nadaud devait être des nôtres, car, si nos devanciers d'Artois chantaient sous des berceaux enguirlandés de roses, c'est sous les houblons de Flandre que Nadaud aimait à chanter, et nous lui réservions notre plus haute distinction, l'année même où la mort nous l'a pris.

« La chanson, n'est-ce pas l'âme de la nation qui s'incarne à chaque instant dans l'œuvre que le patriotisme enflamme ou que l'actualité inspire ? N'est-ce pas souvent aussi l'étincelante fantaisie ou l'élégie plaintive qui captive le poète ?

« La lyre de Nadaud avait toutes ces cordes. Que de fois n'ont-elles pas vibré sous ses doigts pour notre plus grand plaisir, à nous dont l'oreille et le cœur ont retenu tant de ses refrains !

« J'ai beaucoup aimé Nadaud, j'étais fier de la sympathie qu'il me témoignait ; j'aurais voulu vous dire toute mon admiration pour son œuvre vraiment considérable, mais elle a trouvé devant vous des interprètes si distingués et si complets que je ne saurais essayer d'ajouter quelque chose à ce qu'ils viennent de vous faire entendre.

« Tous ceux qui aiment les lettres, et qui portent avec vous le deuil de l'homme excellent qui n'est plus, sont heureux de le voir glorifier comme vous savez le faire, dans cette cité reconnaissante qui se lève en son honneur et qui remplit ses rues de pavois et d'acclamations.

« Le poète si délicat, le lettré si fin, parmi tant de doutes amers, et tant de tristes défaillances, n'a jamais cessé de croire à la fantaisie, à la jeunesse, à l'amour, à la patrie ; et nous qui pensons comme Nadaud, que s'il est bon d'égayer ses contemporains, il est doux de les réconforter aussi, nous répéterons après lui : Non, non, tous les dieux ne sont pas partis ! »

Ce discours a été également très applaudi et l'auteur félicité.

M. l'inspecteur des Beaux-Arts annonce que la parole est donnée à M. Manso, président des « Fils des Trouvères ». Le poète lillois, ne se trouvant pas sur l'estrade, n'a pu prononcer le discours qu'il avait préparé pour la circonstance, et que, grâce à la communication qu'il a bien voulu nous en donner, nous pouvons faire connaître à nos lecteurs. En voici le texte :

Discours de M. Ch. Manso.

« En honorant et en perpétuant le souvenir de leurs dignes fils, les villes s'honorent elles-mêmes. Roubaix accomplit aujourd'hui un acte de justice bien cher à son cœur. Il était juste que Nadaud ait un monument dans sa ville natale.

« Il était juste que le bronze perpétuât le souvenir de ce délicat et spirituel poète.

« Nous venons nous associer à cette touchante manifestation.

« Au nom de la société des « Fils des Trouvères », je viens déposer cette couronne comme un hommage reconnaissant et saluer celui qui fut notre ami. Je n'entreprendrai pas l'historique de son œuvre, des voix plus autorisées l'ont fait et viennent de le faire encore. Je viens saluer celui qui fut un homme de talent, un homme d'esprit, un homme de cœur. Cette trilogie dans un seul être est chose plus rare qu'on ne le suppose, surtout par le temps présent. Je salue le poète avec admiration, l'homme d'esprit avec un sourire, l'homme de cœur avec émotion. Nadaud est resté le fidèle amant de la chanson française, aimable et spirituelle, émue parfois et toujours distinguée et de bonne compagnie, cette chanson qui faisait les délices de nos pères, cette chanson qui déride les fronts sans choquer le bon goût, qui vient à la fin de tout repas joyeux tremper le bout de son aile aux coupes de champagne avec un franc éclat de rire.

« Si Nadaud fut moins chanté dans ses dernières années, c'est que nous avons changé tout cela, mais je crains fort que nous sommes en train de gaspiller cet héritage gaîment et spirituellement amassé par nos aïeux. Etre resté fidèle à la sainte tradition malgré l'entraînement de notre époque, n'est pas un de tes moindres titres de gloire, cher Maître !

« Quant à ton cœur, tous ceux qui ont eu le bonheur de t'approcher l'ont senti battre. Il était à la hauteur de ton talent. Nous, humbles trouvères lillois, avons connu ta bienveillante indulgence, la délicatesse de tes conseils et nous n'avions pas moins d'admiration pour le caractère de l'homme que pour le talent du poète.

« Voilà pourquoi en ce jour solennel où la ville de Roubaix inaugure ce monument en l'honneur de son glorieux fils, Lillois, nous venons joindre notre émotion à la sienne et saluer celui qui l'a tant aimée, celui qui était heureux de déposer à ses pieds les lauriers et les fleurs qu'il récoltait loin d'elle.

« Heureuses les villes qui donnent le jour à des natures d'élite qui, avec les rayons de gloire acquis, éclairent doucement le front de leurs mères ; heureux ceux nés de ces mères jalouses de leur renommée, qui leur élèvent un souvenir durable et sauvent ainsi leurs noms de l'oubli !

« Aimable chansonnier, reste au milieu de cette grande et laborieuse cité qui, dans sa dévorante activité, trouve encore le temps d'honorer ses écrivains et ses artistes. Ici, au seuil de ce magnifique jardin, à chaque printemps les fleurs s'épanouiront et feront monter vers toi leurs enivrants parfums, la brise caressera ton front d'airain ; les oiseaux diront pour toi leurs plus douces chansons. La nature enfin, t'enverra la fraîcheur exquise de son premier sourire, te payant, elle aussi, son tribut de reconnaissance, à toi qui l'as chantée avec ton âme vibrante de poète ! »

La parole a été donnée en dernier lieu à M. Chebroux, officier de l'Instruction publique et président de la « Lice Chansonnière » de Paris.

M. Chebroux fut, comme on le sait, l'ami intime, le confident et l'exécuteur testamentaire littéraire de Nadaud. Aussi la plus grande attention a été prêtée à son discours ainsi conçu :

Discours de M. Chebroux.

« Mesdames, Messieurs. Après les inoubliables fêtes que Paris vient de donner aux souverains d'une puissance amie, c'est Roubaix, qui, à son tour, salue de ses acclamations enthousiastes, en la personne de son fils le plus cher, cette autre grande et aimable souveraine : la Chanson.

« S'il est un spectacle dont nous puissions être fiers, s'il est une chose qui nous doive consoler des chants orduriers et ineptes dont nous sommes abreuvés en cette fin de siècle, où le sublime touche parfois le grotesque, c'est assurément la manifestation grandiose d'aujourd'hui : c'est cette même pensée de pieuse reconnaissance qui nous réunit autour de ce monument si gracieux, si harmonieux en sa conception.

« C'est la glorification par le bronze et le marbre de celui que nous devons mettre au premier rang des chansonniers français et à la meilleure place.

« Mais, avant de chanter la gloire du chansonnier roubaisien, permettez-moi de parler un peu de cette dixième muse, à laquelle il donna pendant plus d'un demi-siècle le plus pur de son esprit et de son cœur.

« La chanson est un produit intellectuel, essentiellement français, c'est une fleur qui ne pousse et ne se plaît que sur le sol béni de France.

« Comme la vigne, fille du soleil, elle a dû nous être apportée des pays latins ; elle compose, quoi qu'on en puisse dire, la plus grande partie de notre patrimoine littéraire.

« Tous les peuples peuvent avoir des poètes. La France seule a des chansonniers. En ces temps de nervosité, de fièvre, où nous obéissons à des poussées vigoureuses qui nous obligent à vivre rapidement, à jouir vite des choses, la chanson semble appelée à devenir l'unique poésie de l'avenir.

« Nous n'avons plus les loisirs de lire les longs poèmes, fussent-ils beaux comme ceux du divin Homère qui se composaient de vingt-quatre chants : combats titanesques, idylles amoureuses, drames ou comédies ; la chanson, celle qui mérite ce nom, celle qui ne se prête ni aux grimaces, ni aux contorsions ridicules, de pitres prétentieux et vains ; la bonne et saine chanson nous dit, nous joue tout cela en quelques couplets.

« Nul long poème n'a fait pleurer les mères comme un seul quatrain du *Nid abandonné*. Aucun chant épique n'a électrisé un peuple comme la *Marseillaise*, lançant sur l'Europe coalisée quatorze armées victorieuses !

« La grande poésie habite des sphères éthérées et par cela même qu'elle plane dans le rêve et l'idéal, il lui est difficile de se pencher sur l'humaine foule et d'en connaître les besoins et les aspirations,

« La chanson est humaine ; elle est du peuple ; elle vit avec nous, au milieu de nous, disant nos bonheurs ou nos souffrances, joyeuse de nos rires, attristée de nos larmes.

« Elle s'assied au foyer familial où dort l'enfant dans sa bercelonnette, aide la jeune fille à pousser l'aiguille, l'aïeule à tourner le fuseau, mêle ses ariettes au rythme des marteaux frappant l'enclume. C'est l'interprète de nos sentiments, la compagne aimante et consolante de nos labeurs quotidiens.

« C'est donc à tort qu'on traite assez souvent la chanson comme une petite chose, comme une partie infime de notre littérature.

« Nous devons à cette coupable indifférence, à cet injuste dédain, ce débordement de chansons malpropres et niaises, qui forment le fond du répertoire des cafés-concerts et d'ailleurs, versant au peuple un breuvage empoisonné qui corrompt son goût, son esprit et son cœur.

« Sans vouloir remonter trop haut dans l'histoire de la chanson, disons que quatre astres chansonniers, quatre maîtres dont les œuvres laisseront un sillon lumineux à travers les âges futurs auront brillé sur ce siècle.

« Ces quatre rois du couplet, nous pourrions les dénommer ainsi :

« Désaugiers, le Rire ; Béranger, la Philosophie ; Dupont, l'Eglogue ; Nadaud, l'Esprit.

« Disons que Nadaud qu'il faudrait dénommer aussi la Grâce et le Charme, résumait en lui ses trois devanciers ; je veux dire que sans leur emprunter rien il possédait leurs qualités maîtresses, car Gustave Nadaud n'était d'aucune d'école (si ce n'est de celle du bon sens). Ses vers sont bien à lui, sa note est absolument personnelle, ainsi que je l'ai dit ailleurs (si c'est le juvénal fin et railleur, piquant de son vers mordant, jamais agressif cependant, taquin plutôt) toutes les turpitudes et les abus qu'il rencontre en son chemin, c'est aussi le doux poète attentif aux moindres manifestations de la nature et du cœur humain, notant, pour le redire à la foule, tout ce qui se produit en lui et autour de lui : le grondement de l'Océan, le chant de la vague, une fleur qui s'ouvre, un battement d'ailes, tout intéresse et passionne le poète.

« Boileau a écrit :

« Il faut même en chanson du bon sens et de l'art. »

« Boileau est venu trop tôt pour lire les chansons de Béranger et de Nadaud, et c'est là son excuse d'avoir écrit une semblable énormité, car c'est surtout dans ce petit poème tour à tour railleur, philosophique, amoureux, admirable en sa conception, qu'il est nécessaire d'avoir du bon sens et de l'art, et dans cet art-là, Gustave Nadaud est resté un maître incomparable.

« Je n'abuserai pas de vos moments en vous citant les œuvres du chansonnier-poète, nous les connaissons toutes. Toutes chantent sur nos lèvres et sont gravées dans nos cœurs.

« Nous savons également qu'il y avait en Nadaud, trinité charmante, un chansonnier, un musicien et un interprète admirable.

L'œuvre de Gustave Nadaud, sans parler de ses comédies, de ses contes et de ses récits, se compose de plus de 400 productions.

« Les couplets qu'il a semés par le monde sont aussi nombreux que les grains de blé recueillis en un vaste champ.

« C'est à croire que Nadaud avait la chanson dans le cœur.

« Après vous avoir dit un peu du bien que je pense du chansonnier-poète, j'aurais voulu vous montrer un peu de l'homme ; vous parler de sa modestie sans pose, de son inaltérable bonté, de sa bienveillance inépuisable pour les petits, pour les jeunes, pour les sociétés chansonnières dont il était la joie et la gloire : Le Caveau de Paris, la Lice Chansonnière, le Caveau Lyonnais, le Caveau Stéphanois, le Temple de la Chanson, et vingt autres sociétés artistiques et littéraires où il aimait à se faire entendre.

« Parlerai-je aussi de cette Petite Caisse des Chansonniers qu'il avait fondée, qu'il alimentait de ses modestes revenus et qui a rendu tant de services aux auteurs pauvres ?

« L'homme vaut l'artiste.

« L'artiste est à la hauteur de l'homme.

« En voilà assez pour justifier l'hommage que nous rendons aujourd'hui à sa mémoire et à son génie de chansonnier-poète, en élevant dans sa ville natale cet impérissable et artistique monument dû au talent du sculpteur Cordonnier.

« Qu'on me permette en terminant de remercier au nom de la Chanson les membres du comité et son honorable président, M. Henri Bossut, sous l'inspiration duquel s'est constitué ce comité et dont l'ardeur infatigable a si largement contribué à mener à bien cette œuvre de justice et de reconnaissance : La glorification de Gustave Nadaud. »

Plusieurs fois interrompu par des applaudissements, M. Chebroux a recueilli de chaleureux bravos à la fin de son discours.

Nous lisons au moment de terminer cette notice les lignes suivantes, dans le *Grand Echo* de Lille, sur le déplacement possible du monument de Nadaud :

« Nous avons exposé par le menu, il y a quelque temps, la question du déplacement du monument du chansonnier roubaisien Gustave Nadaud, que beaucoup de bons esprits s'accordent à trouver trop loin du centre de la ville.

« A ce propos, le poète-chansonnier qui fut l'ami et l'exécuteur testamentaire de Gustave Nadaud, M. Ernest Chebroux, président-fondateur de l'Œuvre de la Chanson française, président d'honneur du « Caveau lyonnais » et de la « Muse de Nadaud », vient d'écrire à M. Delannoy, président de cette dernière société, la lettre suivante :

Paris, le 23 octobre 1909.

« Mon cher président et ami

« Je suis très heureux de recevoir de vos nou-
« velles, et aussi de lire les articles concernant
« notre chère institution chansonnière « La Muse de
« Nadaud ». Je vous ai déjà dit ma façon de penser
« au sujet du monument de notre regretté Nadaud,
« qui serait beaucoup mieux au centre de Roubaix.

« Je vous sais gré, à vous et à vos amis, des
« efforts que vous faites pour tenter d'obtenir ce
« résultat.

« Pour rendre notre culte plus fervent, ne pla-
« çons pas nos dieux trop loin de nous.

« Le jour où Nadaud sera place Chevreul, je fe-
« rai le voyage de Paris à Roubaix.

« Je vous charge de semer mes bons souvenirs
« parmi nos collègues de la « Muse », et d'en réser-
« ver une bonne part pour vous et les chers vôtres.

« ERNEST CHEBROUX ».

Nous nous associons à ce vœu légitime des admirateurs de G. Nadaud et souhaitons la réalisation de ce déplacement du monument du chansonnier-poète pour un quartier plus fréquenté et plus au centre de cette cité.

Après ces belles pages exaltant le Maître disparu, nous publions un très beau poème de M. *Georges Nazim*, où vibre, dans un souffle puissant, une harmonie poétique, dont on goûtera, comme nous certainement, toute l'élévation, le respect et la beauté ! Elle fait grand honneur à son auteur, et cet hommage du poète, Georges Nazim, a sa place toute marquée ici, pour terminer cette notice, par la langue des dieux, en l'honneur du Maître.

A NADAUD

Quand l'aïeul disparaît toute la maison pleure,
Il tenait une si large place au foyer !
Si vite, à l'écouter parler, s'enfuyait l'heure !
Son sourire savait si bien tout égayer !

Les petits-fils, surpris devant le grand mystère,
Pour la première fois sentent leurs cœurs meurtris ;
Et quand leur œil voilé, quitte un instant la terre,
Ils semblent dire au ciel : Pourquoi nous l'avoir pris ?

Tels nous sommes devant ta tombe, Nadaud, maître !
Nous sentons qu'avec toi meurt le meilleur de nous ;
Et nous nous demandons, quel Dieu jaloux peut être
Celui qui prend d'abord les plus aimés de tous.

C'est que tu fus pour nous l'âme de la jeunesse,
Que nos frêles berceaux connurent tes chansons
Et qu'à notre ignorance et qu'à notre faiblesse
Ce fut toi qui donnas les plus hautes leçons.

C'est que, sans te soustraire à nul devoir civique,
Tu ne sacrifias jamais à cet autel
De haine et de discorde, où pour la politique,
On vient communier sous l'espèce du fiel.

Ta muse ne connut jamais l'hypocrisie,
Ton cœur fut pitoyable à toute adversité,
Tu fus le rire franc, tu fus la poésie,
Mais avant tout tu fus l'honneur et la bonté.

Jusqu'au moment fatal qui ferma ta paupière,
Tu vécus pour bien faire et chantas pour charmer ;
Aussi nous garderons ton souvenir, Grand-Père,
Qui jamais ne fus vieux et sus toujours aimer !

CONCLUSION

CONCLUSION

En écrivant ces études, nous avons obéi à un sentiment de légitime justice, en ce qui concerne ces immortels auteurs.

Une nouvelle génération littéraire, désireuse de conquérir, sans beaucoup d'efforts, les lauriers de la renommée, a cherché systématiquement, et dans un but vénal, à répandre dans le public, que les œuvres de ces chansonniers étaient démodées, vieux jeu, de vieille forme, qu'enfin, elles ne devaient survivre à leurs auteurs !

C'est là une hérésie contre la vérité et le bon sens.

Il nous a donc plu, à nous, qui pensons autrement, et qui sommes respectueux de nos maîtres, de publier à nouveau, et de réveiller aujourd'hui des chants toujours vibrants, toujours jeunes de nos chansonniers *Pierre Dupont* et *Gustave Nadaud* principalement.

Après cette dernière étude, à laquelle nous avons apporté de l'inédit, nous sommes persuadés que le lecteur éclairé ratifiera notre opinion.

Mais le public est oublieux ! aussi avons-nous mis en relief des œuvres prouvant surabondamment que la poétique de Gustave Nadaud, par exemple, demeure toujours fraîche et accessible à tous ; chez le poète, point de mots alambiqués, ni de rimes convulsives.

Pour juger l'œuvre d'un chansonnier, ou d'un poète, il ne suffit pas de lire *une* pièce ou *deux*, il faut lire l'ensemble de leurs œuvres et s'en inspirer, vivre, en un mot, *dans l'ambiance de leurs rêves*, si non, l'on risque de faire une *Critique systématique*, sur un choix personnel.

En ce qui concerne G. Nadaud, le chansonnier et sa Muse sont précis, le vers est clair, élégant et classique dans la forme, jamais vulgaire.

La popularité d'hier, comme la gloire d'aujourd'hui, qui s'attachent aux noms de *Dupont* et *Nadaud*, viennent de ce qu'ils furent humains, et qu'ils firent vibrer leur lyre aux accents de leurs cœurs !

La Muse de Dupont est fille de la nature et de l'humanité !

Celle de Nadaud est fille de la grâce, de l'esprit et de la bonté !

Il est donc un devoir de ne pas permettre que leurs œuvres soient oubliées ou délaissées, car, où sont donc leurs Pairs ?

Depuis plusieurs années, nous avons entrepris la croisade contre les pourvoyeurs d'insanités, qui sèment dans l'esprit d'un public trop indulgent — et pour la joie du cosmopolite — le virus malsain d'un érotique délirium, ou d'un argot indécent.

Il faut endiguer le flux des chansons corruptrices.

Parmi les talents, qui ne cessent de se dévouer à la bonne renommée de la chanson française et auxquels nous sommes heureux de rendre hommage, nous devons mettre au premier rang : MM. Ernest Chebroux, Théodore Botrel, Teulet, Maurice Boukay, Xavier Privas, Yan Nibor, Léon Durocher, Octave Pradels, Eug. Lemercier, pour ne citer que ceux-là, associant aussi dans ce salut au drapeau de la bonne chanson, les Présidents dévoués, autant que désintéressés, des filiales de l'*Œuvre de la Chanson Française* de Lyon, Rouen et Toulouse, ainsi que ceux des sociétés poétiques et littéraires de : Roubaix, Amiens (Rosati), Rouen (Violetti), Cherbourg (Jeux Floraux de la Manche), Lyon, Saint-Etienne et les présidents des sociétés du Languedoc et de la Provence, moralement unis.

Enfin, comme les derniers sont ici les premiers : Honneur! aux vaillantes sociétés *du Caveau, de la Lice chansonnière* et de *la Pomme* de Paris, qui secondent si bien les efforts de l'apôtre trop tôt disparu de la Chanson Française, *Ernest Chebroux.*

Et maintenant, Chanson Française : toi qui es l'âme de la nation :

> Charme, élève et console
> Et vole, vole, vole, vole
> Chanson !

. . . .

Et nous ajoutons cette devise pour terminer : « Chanson ! Sois Athénienne par la pensée et Française par le cœur ! »

FIN

BIBLIOGRAPHIE
DES ŒUVRES DE GUSTAVE NADAUD

Chansons de Salon.
Chansons populaires.
Chansons légères.
Chansons nouvelles.
Chansons inédites.
Chansons nouvelles à dire.
Miettes poétiques.
Varia.
Recueil d'opérettes.
Contes et récits et scènes en vers.
Un volume, édition de luxe tiré à 2 000 exemplaires, illustré par les grands Maîtres.
Un recueil d'opérettes.
Mes notes d'infirmier.
Une idylle.
Un traité de solfège.
Derniers chants.
La chanson depuis Béranger, (tiré à 100 exemplaires).
Souvenirs et récits d'un vieux Roubaisien.
Une idylle, roman, (mi-partie prose, mi-partie vers).

Théâtre :

Docteur Vieux temps.
La Volière.
Porte et fenêtre.
L'oncle d'Autralie.
Théâtre de fantaisie, Scènes, Saynètes et Comédies.

QUELQUES NOTES ET BIBLIOGRAPHIES SUR G. NADAUD

L.-Henry Lecomte. — **Gustave Nadaud.** La Chanson, 1878.
Pitre Chevalier. — **Gustave Nadaud.** Revue d'art dramatique.
Ernest Chebroux. — **Gustave Nadaud.** La Revue du Siècle, août 1887.
Le Dr V. Delaporte. — **Etudes et Causeries littéraires.** Paris, 1900, in-8°, 2° série.
Charaux. — **Etude sur G. Naudaud.**
H. Masquelier. — **Les contemporains.**
Léo Claretie. — **Société historique d'Auteuil et de Passy,** 1894.
— — **La Lice chansonnière,** 1893.
Fernand Lefranc. — **La Revue du Nord,** 1893.
Pierre et Paul. — **Les Hommes d'aujourd'hui.**
A. Brisson. — **Les Annales politiques et littéraires,** 1893.
Ernest Chebroux. — **Le Sylfe,** août 1893.
— — Journal **Le Gaulois,** 14 octobre 1896.
— — **Echo des Jeunes,** 18 novembre 1903.
— — **Le Salut Public,** Lyon, 20 janvier 1902.
A. Barguin de l'Epine. — **Le Gaulois,** 31 décembre 1893.
E. Lagrillère-Beauclerc. — **Écho du Nord,** 4 décembre 1893.
Georges Montorgueil. — Journal **Paris et Echo du Nord,** 11 Novembre 1887.
— — Journal **Le Figaro,** 27 juillet 1895.
Maurice Théry. — **Gustave Nadaud,** 1895.
Laurent Chat. — **Le Parterre.** (Hommage à Nadaud), Lyon, 1895.

Toutes ces notes ont été consultées pour cette étude sur Gustave Nadaud.

TABLE DES MATIÈRES

	Pages
Dédicace et Lettre Ernest Chebroux.	v
Préface	ix
Avant-Propos et résumé de la Chanson Française du moyen-âge à Desaugiers.	1
Pierre Dupont.	43
Gustave Nadaud.	75
Conclusion.	227

ACHEVÉ D'IMPRIMER

le vingt avril mil neuf cent onze

PAR

BUSSIÈRE

A SAINT-AMAND (CHER)

pour le compte

de

A. MESSEIN

éditeur

19, QUAI SAINT-MICHEL, 19

PARIS (Vᵉ)

LIBRAIRIE LÉON VANIER, EDITEUR
A. MESSEIN, Succr
19, Quai Saint-Michel, Paris (5e)
Envoi franco contre mandat postal, timbres, etc.

Dernières Nouveautés

J.-K. HUŸSMANS
Trois Primitifs. 3e édition. Les Grünewald du Musée de Colmar, Le Maitre de Flémalle et la Florentine du Musée de Francfort-sur-le-Mein, 1 vol. in-8° avec illustrations . . . . . 5 fr. »»

PAUL VERLAINE
Poésies Religieuses. Etude-préface de J.-K. Huysmans. 1 vol. in-12 broché . . . . 3 fr. 50
Voyage en France par un Français. 2e édition. Publié d'après le manuscrit inédit. Préface de Louis Loviot. 1 vol. in-12 br. . . . . 3 fr. 50

ADOLPHE RETTE
Du Diable à Dieu. Histoire d'une conversion. Préface de François Coppée. 1 vol. in-12 broché . . . . . 3 fr. 50
Un Séjour à Lourdes. *Histoire d'un Pèlerinage à pied. Impressions d'un Brancardier.* 1 vol. in-12 broché. 3 fr. 50
Le Règne de la Bête. Roman catholique et social. 1 vol. in-12 . . . . 3 fr. 50

AUGUSTIN REGNAULT
La France sous le second Empire (1852-1870). 2e édition. Etude critique. 1 fort volume in-12. . . . 3 fr. 50

JOHN-ANTOINE NAU
(Lauréat de l'Académie des Goncourt)
La Gennia. Roman spirite hétérodoxe. 1 vol. in 12: 3 fr. 50

FRANÇOIS BOURNAND
Pages de la Charité. *Les Chartreux. Les Sœurs. Les Frères Saint-Jean de Dieu. Les Dames du Calvaire.* Préface d'Adolphe Retté. 1 vol. in-12 broché . . . . 3 fr. 50

RAYMOND GROS et FR. BOURNAND
Au Pays du Dollar. Notes, Indiscrétions, Souvenirs. 1 volume in-12 broché avec nombreuses illustrations photographiques. Couverture de F.-E. Johnston. . . . 3 fr. 50

J. et E. CRÉPET
Charles Baudelaire. 3e édition. Etude biographique revue et mise à jour, suivie des *Baudelairiana* d'Asselineau, publiés pour la première fois in-extenso. Nombreuses lettres adressées à Baudelaire. Portraits de Ch. Baudelaire, Jeanne Duval, Madame Sabatier. 1 fort vol. in-12 broché . 3 fr. 50

ANNIE DE PÈNE
Les Belles Prières, recueillies et publiées par Annie de Pène. Les plus belles prières orientales, occidentales et chrétiennes. 1 volume in-12 broché . . . . 3 fr. 50

SAINT-AMAND (CHER). — IMPRIMERIE BUSSIÈRE.

www.ingramcontent.com/pod-product-compliance
Lightning Source LLC
Chambersburg PA
CBHW052246220526
45471CB00001B/214